너에게 보내는 클래식

일러두기

1. 표제음악과 작품집, 영화 제목은 〈 〉, 책 제목은 《 》로 표기했습니다.
2. 외국의 인명, 지명은 국립국어원 어문 규정의 외래어 표기법을 따랐습니다. 다만 관용적으로 굳어진 일부 표현은 예외를 두었습니다.
3. 본문의 QR 코드를 통해 해당 곡을 감상할 수 있습니다. 만약 영상이 확인되지 않으면 작품명을 검색하여 해당 곡을 감상할 수 있습니다.

삶에 지친 당신을 위한

너에게 보내는 클래식

진회숙 지음

포르체

음악을 듣는다는 것은 이야기를 듣는 것

천카이거 감독의 〈투게더〉라는 영화가 있다. 이 영화에는 한 음대 교수가 비발디의 〈사계〉 중 〈여름〉을 틀어놓고 학생들에게 처음으로 이 음악을 들었을 때의 황홀함에 대해 얘기하는 장면이 나온다.

"이 곡을 처음 들은 것은 열네 살 중학교 때였지. 음반이 귀하던 시절 친구 아버지가 외국에서 비발디의 〈사계〉를 사 오셨어. 우리는 도둑고양이처럼 숨어서 음악을 들었지. 창밖에 비가 오고 우린 황홀했어. 그건 마치 비밀의식 같았어. 우리에게 음악은 첫사랑이었지.

그 숭고한 느낌이란.”

그 장면을 보면서 나의 젊은 시절이 떠올랐다. 어쩌다 구한 귀한 클래식 음반을 마치 비밀의식을 치르는 사람처럼 숨죽이며 듣던 시절. 그 시절 나에게 클래식 음악은 그냥 듣고 즐기는 오락거리가 아니었다. 그것 자체가 하나의 목적이었고, 종교였다. 그렇게 클래식 음악을 ‘추앙’했다. 없는 돈에 클래식 음반을 사고, 유명 연주가의 음악회에 가기 위해 온갖 궁상을 다 떨었다.

클래식에서 랩까지 다양한 음악이 차고 넘치는 시대에 살고 있는 요즘 젊은이들은 아마 이해하지 못할 것이다. 클래식이 뭐라고 그렇게 하나 생각할 수도 있다. 그래서 젊은이들에게 “나 때는…” 하면서 클래식에 대한 얘기를 꺼내는 것이 조심스러워진다. 세상에서 가장 꼴불견인 것이 나이 든 사람이 젊은이에게 철 지난 옛날얘기를 주저리주저리 늘어놓는 것이라고 하지 않던가.

그럼에도 불구하고 젊은 세대를 상대로 이런 책을 쓰기로 한 데에는 나름대로 이유가 있다. 클래식이 세대를 초월해 누구에게나 공감을 줄 수 있는 음악이라는 믿음이 있기 때문이다. 아는 만큼 들리고, 아는 만큼 사랑한다는 말이 있다. 지금은 클래식이 낯설고 어렵게 느껴지지만 일단 친해지고 나면 클래식만큼 진득하게 위안을 주는 것도 없다고 생각한다.

세상 모든 예술이 그렇듯이 클래식 음악에도 사람 살아가는 이야기가 들어 있다. 그 속에 사랑이 있고, 슬픔이 있고, 웃음이 있고, 위로가 있다. 그러니까 음악을 듣는다는 것은 그 이야기를 함께 듣는 것과 같다. 이렇게 다양한 사연의 음악을 들으며 세상을 살아가는 지혜를 배우고, 유머를 배우고, 슬픔을 극복하는 법을 배우고, 편안해지는 법을 배울 수 있다. 이 책에서 소개하는 음악들이 부디 고통받는 이에게 위로와 안식을 주는 음악, 어지러운 마음을 정화시켜 주는 음악, 상처받은 영혼을 치유해 주는 음악, 세속의 욕망을 잊게 해 주는 음악, 그럼으로써 삶과 영혼에 건강한 에너지를 불어넣어 주는 음악이 되기를 바란다.

2024년 9월

진회숙

목차

4장 살다 보면 때론 웃음이 필요해

1장

사랑, 그 가없는 기쁨과 고통의 원천

유혹에도 기술이 필요한 법

여자들에게 인기 많은 남자가 있다. 이런 남자는 외모도 외모지만 특히 말솜씨가 좋은 경우가 많다. 여자의 마음을 훔치는 데 특화된 기술을 가지고 있는 것이다. 이 기술의 핵심은 여자로 하여금 이 남자가 진심으로 자기를 사랑하고 있다고 믿게 만드는 것이다. 물론 어쩌면 여자의 믿음대로 그 남자가 진심으로 그 여자를 사랑했을 수도 있다. 문제는 그 유효 기간이 매우 짧다는 것과 대상이 자주 바뀐다는 것이다. 이럴 때 우리는 그 남자를 '바람둥이'라고 부른다.

바람둥이 중에서도 고수는 자기가 싫증이 나서 여자를 버릴 때 절대로 여자가 버림받았다는 생각을 갖지 않도록 한다. 여자에게 '좋은 남자'라는 인상을 심어 주고 헤어지는 것이다. 그래서 여자가 끝내 그 남자를 못 잊고, 버림받았음에도 불구하고 "지금이라도 나한테 돌아오면 용서할게요."라며 남자를 쫓아다니게 만든다.

모차르트의 오페라 〈돈 지오반니〉의 주인공 돈 지오반니가 바로 이런 남자다. 돈 지오반니는 희대의 바람둥이였던 '돈 환'의 이탈리아식 이름이다. 오페라 〈돈 지오반니〉는 이 바람둥이의 애정행각을 그린 작품이다. 대본은 로렌초 다 폰테라는 사람이 썼는데, 그 역시 바람둥이였다. 베네치아 태생인 그의 본래 직업은 신부였지만 신부가 되기에는 여자를 너무 밝혔다. 신부이면서 사생아까지 있었다니 말다 했지.

결국 다 폰테는 베네치아에서 추방을 당한다. 이때 그에게 오스트리아 빈으로 가서 살리에리를 만나라고 충고해준 사람이 바로 카사노바다. 그는 평소 다 폰테의 정신적 지주 역할을 했다고 한다. 카사노바의 충고대로 다 폰테는 빈으로 갔다. 거기서 살리에리를 만나 오페라 대본을 쓰는 일을 했다. 하지만 살리에리와의 작업에서 별 재미를 보지 못했다. 그러다가 모차르트와 손잡고 오페라를 만들게 되었는데, 그것이 〈돈 지오반니〉 〈피가로의 결혼〉 〈여자는 다

그래)이다. 이를 '다 폰테 3부작'이라고 부른다.

〈돈 지오반니〉의 대본에는 다 폰테가 카사노바의 지도 (?)아래 갈고 닦은 유혹의 기술이 적나라하게 드러나 있다. 돈 지오반니는 이런 면에서 뛰어난 기술자였다. 돈 지오반니에게 버림받았음에도 불구하고 계속 그를 쫓아다니는 돈나 엘비라에게 지오반니의 하인 레포렐로는 그동안 자기 주인의 농간에 넘어간 여자들이 몇 명인지 얘기해 준다. 이탈리아에서 640명, 독일에서 231명, 프랑스에서 100명, 터키에서 91명 그리고 스페인에선 고향이라서 그런지 실적이 훨씬 좋아서 무려 1천 명이 넘는 여자들을 낚았다. 이 정도면 여자 사냥에 있어서 타의 추종을 불허하는 능력자라고 하지 않을 수 없다.

돈 지오반니는 여자에 대해 특별한 취향을 고집하지는 않았다. 다양한 신분과 나이대의 여자들을 공략했는데, 그럴 때마다 특유의 기술을 써먹었다. 금발 여자에겐 "자기는 어쩜 그렇게 성격이 좋아." 이렇게 칭찬하고, 흑발 여자에겐 "자기처럼 조신한 여자는 처음 봐.", 은발 여자에게는 "자기는 정말 스위트해.", 키 큰 여자에게는 늠름하다며, 왜소한 여자에게는 애교가 많다고 추켜세웠다.

돈 지오반니는 이렇게 많은 여자를 늘 최선을 다해 유

혹했다. 그래서 모두 그의 사랑이 진심이라고 믿게끔 만들었다. 그렇기에 돈나 엘비라는 돈 지오반니를 잊지 못했다. 만나기만 하면 두 눈을 빼버리겠다며 그에 대한 분노를 표출했지만 속마음은 그게 아니었다. 돈 지오반니는 돈나 엘비라의 하녀를 유혹하는 과정에서 그녀를 다시 한번 속인다. 그런데도 돈나 엘비라는 끝까지 "나에게 돌아와 주면 지금까지 나한테 잘못한 것 다 용서해 줄게요."라고 호소한다. 겉으로 욕하면서도 남자가 자기에게 돌아오기를 간절히 바라는 여자의 심리. 논리적으로는 도저히 이해할 수 없는 이 미묘한 여자의 심리를 다 폰테는 다 꿰뚫고 있었다.

〈돈 지오반니〉에 나오는 인물 중에서 또 하나 흥미로운 인물은 하녀 체를리나다. 사실 체를리나에게는 마제토라는 약혼자가 있다. 그런데 돈 지오반니는 체를리나에게 눈독을 들인다. 결혼식이 코앞인데 마제토가 보는 앞에서 체를리나를 낚아챈다. 눈앞에서 약혼녀를 빼앗긴 마제토는 자조적으로 말한다.

"알았습니다, 나으리. 원하신다면 전 조용히 사라져 드리죠. 불평은 하지 않겠습니다. 귀족이시니까요."

그러면서 체를리나에게 뼈 있는 한마디 하는 걸 잊지 않는다.

"흥. 귀족하고 같이 있는다고 귀족 부인이 될 거 같으냐?"

어떻게 보면 마제토가 정곡을 찌른 셈이다. 본래 성격이 살랑살랑한 체를리나는 돈 지오반니가 잡아끌자 겉으로는 싫은 척하면서도 속으로는 은근히 기대한다. 이것을 눈치챈 돈 지오반니는 은근슬쩍 여자의 허영심을 자극하는 말을 한다.

"나처럼 기품 있는 신사가 너의 그 고상한 얼굴을 그런 천한 놈이 만지게 놔둘 것 같으냐?"

"너한테 어울리는 팔자는 따로 있어. 내가 팔자를 고쳐 주마."

그러고 나서 둘이 함께 이중창을 부르는데 그것이 그 유명한 〈손을 잡고 함께 가요〉이다.

손을 잡고 함께 가자.
너는 그냥 "네"라고 대답하기만 하면 돼.
여기서 멀지도 않아.
어서 이 자리를 뜨자꾸나. 내 사랑.
좋아요. 아, 아니. 싫어요.
가슴이 너무 떨리네요.

그러면 물론 행복하겠지만

날 놀리는 것일 수도 있잖아요.

어서 가자! 내 사랑!

마제토한테 미안해서 어쩌죠?

내가 팔자를 고쳐 주마.

이렇게 쉽게 무너지다니!

자! 나랑 함께 가자!

좋아요. 함께 가요. 내 사랑

순결한 사랑의 고통을 벗어던져요.

체를리나는 "마제토한테 미안해서 어떡해요?"라고 망설이는 척하면서도 결혼식을 올리자는 말에 그만 홀랑 넘어가서 결국 그의 제안에 응하고 만다. 그러면서도 일말의 양심은 있었는지 "이렇게 쉽게 무너지다니…"라면서 자책하는데, 이런 심리 상태를 모차르트가 기막히게 묘사했다. 이 대목을 들으면 정말 마음이 무너지는 것 같은 느낌이 든다. 하지만 돈 지오반니의 야심은 돈나 엘비라의 갑작스러운 등장으로 종료되고 만다. 돈 지오반니로서는 다 된 밥에 코를 빠뜨린 형국이 된 것이다.

돈 지오반니에게 풀려난 체를리나는 마제토에게로 돌

아간다. 마제토가 그녀를 반길 리 없다. 뭐가 예쁘다고 반기겠나. 그러자 그녀는 그를 향한 사랑의 아리아를 부른다. 내가 다 잘못했으니 나는 맞아도 좋다, 그러니 마음껏 분이 풀릴 때까지 나를 때려라, 이런 취지의 노래인데, 순진한 마제토는 체를리나가 응석을 부리자 넘어가고 만다. 아이고, 이 바보!

〈돈 지오반니〉를 보면 같은 여자 입장에서 복장이 터진다. 어떻게 저렇게 남자 보는 눈이 없지? 이러면서 말이다. 하지만 사실 오페라가 아닌 현실에서도 이런 경우는 심심치 않게 볼 수 있다. 객관적으로 보기에 분명 '나쁜 남자'인데, 눈에 콩깍지가 씌었는지 아무리 말려도 안 든다. 그러고 보면 남자를 보는 눈을 갖는 것도 참 힘든 일인 것 같다. 어떻게 하면 이런 남자를 거를 수 있을까?

해답은 간단하다. 마음에서 허영심을 쫓아내면 된다. 이런 남자들은 대개 여자의 허영심에 기생해 먹고산다. 그러니 어떤 남자를 좋아하게 되었을 때, 혹은 어떤 남자가 자기를 좋아한다고 했을 때, 내 마음을 찬찬히 들여다보자. 내가 이 남자를 왜 좋아하는지. 혹시 그 이유가 그 사람이 가진 외형적, 물질적 조건 때문은 아닌지. 돈 지오반니처럼 여자의 마음을 흔드는 교묘한 말솜씨 때문은 아닌지. 그렇

게 자기 마음을 객관적으로 바라볼 수 있어야 한다. 그래야
파국을 피할 수 있다.

W. A. 모차르트 〈피가로의 결혼〉 중 〈사랑의 괴로움 아시나요〉
W. A. Mozart 〈Voi che sapete〉 from 〈Le nozze di Figaro〉

청춘은 괴로워

"청춘! 이는 듣기만 하여도 가슴이 설레는 말이다. 청춘! 너의 두 손을 가슴에 대고, 물방아 같은 심장의 고동을 들어 보라. 청춘의 피는 끓는다."

학창 시절 국어 교과서에서 배웠던 민태원의 수필《청춘예찬》의 첫 구절이다. 제목 그대로 청춘을 예찬하는 글이지만 사실 그때는 별 감동을 느끼지 못했다. 듣기만 해도 가슴이 설렌다는데 왜 설레는지 이해하지 못했다. 지금 생각해 보면 당시 내가 한창 청춘기에 있었기 때문인 듯하다. 나 자신이 청춘인데 가슴 설렐 이유가 없지. 청춘이라는 단어에 가슴 설레고, 청춘이 아름다워 보이는 시기는 그 청춘으로부터 멀리 떠나와 있을 때가 아닌가 싶다.

젊은 시절, 어른들에게 "좋을 때다."라는 말을 많이 들었다. 지금은 내가 젊은이들을 보면서 그런 말을 한다. 길거리나 지하철에서 두 개의 몸이 완전히 밀착해 한 몸처럼 보이는 커플을 종종 보곤 한다. 젊었을 때야 이런 걸 보면 눈살을 찌푸렸지만 지금은 그저 부럽다는 생각밖에 안 든다. 다시 젊은 시절로 돌아간다면 나도 한번 해 보고 싶다.

나이 든 사람들은 청춘을 부러워하지만 청춘이 마냥 행복하기만 한 건 아니다. 때로 청춘은 괴롭다. 걷잡을 수 없이 끓어오르는 열정을 주체할 수 없기 때문이다. 특히 이성에 대한 성적 욕망은 청춘의 가장 큰 골칫거리다. 나이가 들면 욕망을 어느 정도 자제할 수 있지만 청춘의 젊은 피는 그러지를 못한다. 펄펄 끓어오르는 욕망을 어찌하지 못하고 때로는 사고를 치기도 한다.

모차르트의 오페라 〈피가로의 결혼〉에 나오는 케루비노가 바로 이런 청춘이다. 케루비노는 육체적으로는 이제 막 남자가 되었지만 정신적으로는 아직 완전한 성인이 되지 못한 소년이다. 여기서 케루비노 역은 남자가 아닌 메조소프라노가 맡는데, 오페라에서 이렇게 남자 역할을 여자가 맡는 것을 '바지 역할'이라고 한다. 그렇다면 왜 이 역을 여자가 맡을까? 테너나 바리톤 같은 성인 남성은 사춘기 소년 역을 제대로 할 수 없기 때문이다.

케루비노는 알마비바 백작의 어린 시종이다. 소년에서 남자로 넘어가는 과도기에 있는 그는 펄펄 끓어오르는 욕망을 주체하지 못한다. 그래서 성에 있는 모든 여자들에게 '들이댄다.' 정원사 안토니오의 딸 바르바리나, 백작 부인의 시녀 수잔나는 물론 심지어 백작 부인에게도 추파를 던진다. 이 중에서 가장 만만한 것은 바르바리나이다. 케루비노는 바르바리나의 집에 몰래 숨어 들어가 그녀와 밀회를 즐긴다. 그런데 바로 그 모습을 백작에게 들키고 만다. 백작은 성안을 돌아다니며 이 여자 저 여자에게 들이대는 케루비노에게 풍기문란을 일으킨 죄로 군대에 입대할 것을 명령한다. 꼼짝없이 군대에 끌려가게 된 케루비노는 수잔나를 찾아가 자기도 자기 마음을 어쩔 수 없다고 하소연하는 노래를 부른다. 빠른 템포로 숨넘어가듯 부르는 노래에서 케루비노는 자신의 심정을 이렇게 얘기한다.

내가 누군지, 뭘 해야 하는지 모르겠어.
갑자기 불타올랐다가는 갑자기 얼어 버리고,

1장 사랑, 그 가없는 기쁨과 고통의 원천

여자만 보면 얼굴이 빨개지고,

여자만 보면 가슴이 두근거려.

사랑이라는 가슴 벅찬 이름만이

나를 흔들고, 내 마음을 바꿀 수 있어.

사랑이라는 말만 들어도 마음이 흔들리고,

걷잡을 수 없는 욕망이 솟아올라.

깨어 있을 때도 사랑을 말하고,

꿈속에서도 사랑을 말해.

시냇물, 그늘, 산, 꽃, 풀, 메아리, 공기, 바람

이런 것에다 대고 사랑한다고 말하지만

그냥 공허한 울림일 뿐이야.

아무도 내 사랑의 말을 들어주지 않는다면

나 자신에게 사랑한다고 말할 수밖에 없지.

이 노래를 듣고 있으면 청춘은 아름다운 게 아니라 괴로운 거구나 하는 생각을 하게 된다. 지금 이 소년은 자기 자신을 주체하기가 힘든 상태다. 여자를 보면 얼굴이 빨개지고, 가슴이 두근거리고, 한순간 얼어붙었다가 또 갑자기 불타오르니 본인도 속수무책인 것이다. 여자만 보면 솟아오르는 욕망을 주체할 수 없는 이 불쌍한 청춘을 어쩌면 좋을까.

케루비노는 수잔나에게 자신이 군대에 가지 않도록 백작 부인에게 잘 말해 달라고 한다. 부탁을 받은 수잔나는 케루비노를 데리고 백작 부인의 방으로 간다. 케루비노는 평소에 흠모하고 있던 백작 부인을 보자 노골적으로 추파를 던지고, 백작 부인은 이런 케루비노가 싫지 않다. 거친 숨소리를 내며 들이대는 케루비노를 밀어내지 않고, 이 묘한 상황을 은근히 즐긴다. 이 자리에서 케루비노가 자기의 심정을 담은 노래를 부르는데, 이게 바로 〈사랑의 괴로움을 아시나요?〉이다.

사랑이 무엇인지 아시지요?

제 마음속의 사랑이 보일 거예요.

제 심정을 말씀 드릴게요.

이런 느낌 처음이에요.

욕망으로 펄펄 끓는 사랑을 하고 있어요.

그건 즐거움이자 고통이지요.

얼어붙었는가 하면 또 불타오르고

그러다가 다시 얼어 버려요.

사랑을 찾고 있지만 그걸 누가 갖고 있는지

그게 대체 뭔지 모르겠어요.

1장 사랑, 그 가없는 기쁨과 고통의 원천

왠지 모를 한숨과 눈물

왠지 모를 번민과 떨림

밤낮으로 맘 편할 날이 없지만

난 또 그 고통을 즐겨요.

노래의 마지막 구절이 인상적이다. "밤낮으로 맘 편한 날이 없지만 난 또 그 고통을 즐겨요." 청춘을 이처럼 정확하게 표현한 말이 또 있을까. 청춘은 원래 그런 것이다. 밤낮으로 편한 날이 없기는 하지만 그럼에도 불구하고 그 고통조차 달콤한 것이 또 청춘이다.

바람둥이 남편 때문에 시름의 나날을 보내던 백작 부인은 자기에게 은밀한 눈빛을 보내는 케루비노를 보고 잠시 시름을 잊는다. 싱그러운 케루비노의 모습에서 백작 부인은 자신의 지나간 청춘을 떠올린다. 노래가 끝나자 몽롱한 목소리로 "아름답구나!"라고 하는데, 이 말은 케루비노의 노래에 대한 칭찬이기도 하지만 또한 눈앞에 보이는 싱싱한 청춘에 대한 찬사이기도 하다.

젊은 시절 그렇게 부인을 쫓아다니던 백작은 결혼하고 나서 완전히 딴사람이 되었다. 자기 아내는 거들떠보지도 않고, 다른 여자에게만 눈독을 들이고 있다. 그래서 나날이 시들어 가고 있는데, 이렇게 풋풋한 소년이 자기를 사랑한다고 하니 기분이 좋을 수밖에. 백작 부인은 케루비노가 발산하는 청춘의 에너지에서 잠시 삶의 활력을 얻는다.

케루비노의 경우에서 보듯이 청춘의 끓는 피를 제어하는 것은 정말 힘든 일이다. 우리는 그것을 적당히 다스리며 살아야 한다. 힘들지만 그게 문명사회를 이루고 살아가는 우리 호모 사피엔스의 운명이다. 어른으로서 피 끓는 청춘에게 이 말밖에 해줄 수 없는 것이 안타깝지만 어쩌랴. 안 그러면 사고 치는걸.

프란츠 리스트 〈사랑의 꿈〉
Franz Liszt 〈Liebestraum〉

사랑할 수 있을 만큼 사랑하라

오! 사랑하라,
사랑할 수 있는 한.
오! 사랑하라,
사랑할 힘이 남아 있을 때까지.
시간이 오리라. 시간이 오리라.
그대가 무덤 옆에서 슬퍼할 시간이 오리라.

리스트의 가곡 〈사랑할 수 있을 만큼 사랑하라〉이다. 리스트는 나중에 이 가곡의 선율을 바탕으로 〈사랑의 꿈〉이라는 피아노곡을 만들었다. 리스트의 대표작이라고 할 수 있는 이 곡은 화려하고 로맨틱한 멜로디를 자랑한다. 그래서 그런지 나는 이 곡을 들을 때마다 리스트와 그의 연인이었던 마리 다구 백작 부인 그리고 딸 코지마와 바그너로 이어지는 리스트 일가의 화려한 애정 편력이 떠오르곤 한다. 이들의 사랑은 불륜으로 시작되었다. 그래서 사람들의 입방에 오르내렸지만 이들은 자신의 사랑에 충실한 삶을 살았다. 금지되었기에 더욱 절실했던 그 사랑. 나중에 깨질지언정 사랑하는 순간만큼은 서로에게 진심이었을 것이다. 〈사랑의 꿈〉은 그 찰나적 환상을 로맨틱한 선율에 담아낸 곡이다.

　리스트는 '오빠 부대'를 몰고 다닌 당대의 인기 스타였다. 피아노 실력도 훌륭했지만 일단 외모가 출중했다. 조각 같은 옆얼굴, 훤칠한 키, 단발로 다듬은 금발, 날씬한 몸매, 풍부한 표정 등 여자들이 좋아할 만한 요소는 다 갖추고 있었다. 얼마나 잘생겼는지 빈의 한 판화가로부터 어떤 화가라도 그리스 신의 모델로 삼을 만한 얼굴이라는 찬사까지 들을 정도였다. 이런 미남이 피아노까지 잘 치니 오죽 여자들에게 인기가 있었을까. 가는 곳마다 여자들이 벌떼처럼 몰려들었다고 한다.

　리스트의 피아노 연주는 패기와 카리스마가 넘치는 것으로 유명했다. 그는 정확성과 우아함, 간결함을 추구하는 기존의 연주법을 완전히 무시하고, 빠르고 화려하고 강렬한 울림을 구사했다. 특히 그의 기교는 타의 추종을 불허할 정도였는데, 음악사를 통틀어 어느 누구도 흉내 내지 못할 정도로 뛰어난 기교를 자랑했다. 하지만 브람스나 클라라 슈만 같은 보수주의자들은 지나치게 쇼맨십을 구사하는 리스트의 연주 스타일을 싫어했다고 한다.

미남인 데다 피아노까지 잘 쳤으니 러브 어페어가 없을 리가 있나. 그중에서도 유부녀였던 마리 다구 백작 부인과의 사랑이 특히 뻑적지근했다. 마리는 아름다운 미모와 풍부한 교양을 갖춘 여성이었다. 그녀는 파리에 있는 자신의 살롱에 문화예술계 인사들을 자주 초대했는데, 그중에는 작가 빅토르 위고와 시인 하인리히 하이네, 작곡가 베를리오즈와 쇼팽도 있었다.

리스트도 이곳에서 마리를 처음 만났다. 이때 리스트의 나이는 22살, 마리의 나이는 28살이었다. 잘나가는 미남 피아니스트와 재색을 겸비한 귀족 부인이 만났으니 두 사람이 사고를 치는 것은 시간 문제였다. 처음에 마리는 리스트에게 별 관심이 없었다고 한다. 그런데 마리가 첫 아이를 잃고 슬픔에 잠겨 있을 때 리스트가 위로해 준 것을 계기로 두 사람 사이가 가까워지게 되었다. 그러다가 둘 사이에 덜

컥 아이가 생겨 버렸다. 마리는 남편에게 결별을 고하고 리스트와 함께 사랑의 도피를 했다.

이후 리스트와 마리는 스위스와 이탈리아 곳곳을 여행하며 살았다. 리스트는 당시 여행에서 받은 인상을 바탕으로 일련의 피아노곡을 작곡했는데, 그것이 바로 〈순례의 해〉이다. 그런데 제목이 좀 이상하다. '순례(pèlerinag)'라니. 어디 성지 순례라고 했나. 바람 난 두 남녀가 벌인 사랑의 도피행각을 '순례'로 둔갑시키다니. 누가 보면 세속을 초월한 '성(聖)스러운' 사랑을 한 줄 알겠다. 리스트와 마리는 결혼하지 않은 채로 세 아이를 낳았는데, 그중 한 명이 나중에 바그너의 부인이 된 코지마다.

리스트의 딸 코지마는 본래 한스 폰 뷜로우라는 지휘자의 부인이었다. 뷜로우는 당대 유명 작곡가의 작품을 많이 지휘했는데, 그중 바그너의 작품도 있었다. 그런데 그것을 듣고 코지마가 바그너에게 완전 반하고 만 것이다. 그녀는 바그너의 손에 눈물, 콧물로 범벅이 된 키스를 퍼붓는 등 적극적인 애정 공세를 펼쳤다. 하지만 처음에 바그너는 이런 코지마의 저돌적인 행동에 몹시 당황했다고 한다. 그도 그럴 것이 코지마는 바그너보다 24살이나 어렸다. 딸뻘 되는 젊은 처자가 찾아와서 사랑한다느니 존경한다느니 하니 얼마나 당황했을까.

코지마는 포기하지 않고 바그너의 비서를 자처하며 그의 곁을 맴돌았다. 결국 바그너도 백기를 들었다. 그리고 얼마 후 두 사람 사이에 아이가 태어났다. 남편과 이혼을 하지 않은 상태에서 태어난 사생아였다. 이후 코지마는 바그너와의 사이에 두 명의 아이를 더 낳았다. 그런 다음에야 남편과 이혼하고 바그너와 정식으로 결혼할 수 있었다. 그러고 보면 아무래도 코지마는 부모의 DNA를 충실히 물려받은 것 같다. 물불을 안 가리고 사랑에 진심인 것도 그렇고, 불륜인 상태에서 세 명의 아이를 낳은 것도 그렇다. 가히 사랑의 화신이라 할 만한 성격이 아닌가 싶다.

그러나 이 사랑의 화신을 낳은 리스트와 마리의 사랑은 영원하지 못했다. 두 사람은 만난 지 9년 만인 1844년에 헤어졌다. 마리와 헤어진 지 3년 후인 1847년, 리스트는 또 다른 여자를 만나게 되었다. 우크라이나 키예프의 귀족인 비트겐슈타인 공작부인이었다. 비트겐슈타인 공작부인은 리스트의 전 애인이었던 마리 다구 백작 부인과는 완전히 다른 분위기를 지닌 여성이었다. 화려한 마리 다구 백작 부인과는 달리 지성과 교양이 넘치는 차분한 성격이었다고 한다. 그녀는 키예프에서 리스트가 피아노 치는 모습을 보고 한눈에 그에게 반해 버렸다. 당시 그녀는 남편과 별거 중이었는데, 리스트를 너무나도 사모한 나머지 그가 있는 독일 바이마르까지 한달음에 달려올 정도였다고 한다.

리스트가 그녀와 사랑을 시작하던 무렵, 그는 독일 시인 프라일리그라트의 시에 붙인 세 편의 가곡, 제1곡 〈고귀한 사랑〉 제2곡 〈행복한 죽음〉 제3곡 〈사랑할 수 있는 한 사랑하라〉을 썼다. 그로부터 3년 후, 리스트는 이것을 피아노 독주용으로 편곡한 〈세 개의 녹턴〉을 발표했다. 이 중 세 번째 곡이 〈사랑의 꿈〉이다. 리스트의 피아노 곡 중에서 가장 유명한 이 곡은 가곡 〈사랑할 수 있는 한 사랑하라〉의 선율을 바탕으로 작곡한 것이다. 〈사랑할 수 있는 한 사랑하라〉는 아직 사랑할 힘이 남아 있을 때, 아직 살아 있을 때, 마음껏 사랑하라는 가사를 가지고 있다. 이를 바탕으로 작곡한 〈사랑의 꿈〉은 가사만큼 로맨틱하고 화려한 선율을 자랑한다. 처음에는 소박한 노래로 시작하지만 후반부로 가면 갈수록 리스트 특유의 화려한 기교를 가진 멜로디로 발전한다.

이 곡의 화려함만큼이나 작곡가인 리스트 역시 〈사랑할 수 있을 만큼 사랑하라〉라는 노래의 제목처럼 일생 동안 사랑할 수 있을 만큼 마음껏 사랑했다. 이 점에 있어서는 리스트도 여한이 없으리라 생각한다. 오히려 너무 넘쳐서 문제였지. 리스트의 딸 코지마도 마찬가지였다. 부모로부터 사랑 앞에서 물불을 안 가리는 DNA를 물려받은 코지마는 바그너를 열정적으로 사랑했고, 바그너가 죽은 후에도 바이로이트에 있는 바그너 왕국의 성주로서 끝까지 자리를 지켰다.

일생 동안 사랑에 에너지를 너무 소진한 탓일까? 말년에 리스트는 뜬금없이 성직자의 길을 걷겠다고 선언했다. 그리고 사제 서품까지 받았다. 젊은 시절에 하고 싶은 대로 다 하다가 늙으니까 구도의 길을 걷겠다고? 이렇게 욕할 수도 있다. 여하튼 이때부터 리스트는 돈과 명예가 아닌, '예술에 대한 헌신'을 내세운 구도자적인 삶을 살았다.

〈사랑의 꿈〉을 작곡할 당시 리스트는 마리와 헤어지고 비트겐슈타인 공작부인과 새로운 사랑을 하고 있었다. 그렇다면 마리와의 사랑은 무엇이었을까? 곧 깨지고 말 허망한 꿈이었을까? 그렇다. 마리와의 사랑뿐만 아니라 비트겐슈타인 공작부인과의 사랑도 마찬가지다. 사실 세상의 모든 사랑은 꿈이다. 리스트는 말년에 이르러서야 그것을 깨달았다. 그래서 성직자의 길을 걷겠다고 한 것 아닐까.

모든 화려한 사랑은 한순간의 꿈에 불과하다. 사랑이 아름다운 것은 그것이 유한하기 때문이다. 그러니 사랑의 절정에 있을 때, 그 찰나적 행복을 마음껏 즐기시라. 그 사랑 곧 깨어질 꿈이니.

에드워드 엘가 〈사랑의 인사〉
Edward Elgar 〈Salut d'Amour〉

나는 가난하여 가진 것은 오직 음악뿐

지난날을 돌이켜 보면 살면서 사랑하는 대상에 대해 가장 사심(?)이 없었던 시기가 사춘기 때였던 것 같다. 그때는 가난한 사람이 오히려 더 '있어' 보였다. 가난한 사람만이 진실한 사랑을 할 수 있고, 부자는 왠지 진실한 사랑을 하지 못할 것이라 생각했다. 내가 이런 생각을 갖게 된 것은 중학교 때 우연히 읽은 시 때문이었다. 그것은 영국 시인 예이츠의 〈하늘의 천〉이라는 시였다.

내게 금빛과 은빛으로 짠
하늘의 천이 있다면

밤과 낮과 어스름으로 짠

푸르고 어둑어둑하고 까만 천이 있다면

그 천을 그대 발밑에 깔아 드리련만

나는 가난하여 가진 것은 오직 꿈뿐

그대 발밑에 깔았으니

사뿐히 밟으소서,

그대 밟는 것 내 꿈이오니.

　　사랑하는 사람에게 '꿈'을 바친다니. 사춘기 소녀의 가슴을 울리고도 남는 시였다. 그 무렵 이와 비슷한 내용의 노래도 좋아했다. 〈일곱 송이 수선화〉라는 노래다. 나는 집도 없고, 땅도 없고, 돈도 없지만 그대에게 언덕의 아침을 보여줄 수 있고, 입을 맞추며 수선화 일곱 송이를 줄 수 있다는 내용이다. 꿈, 언덕의 아침, 수선화 일곱 송이. 참 낭만적인 선물이다. 하지만 이게 시나 노래에서나 낭만적이지 만약 현실에서 어떤 남자가 "사랑의 선물로 언덕의 아침을 줄게." 이러면 어떨까? 황당하지 않을까? 언젠가 친구와 이런 이야기를 나눈 적이 있다.

　　"꿈? 언덕의 아침? 나는 그런 거 말고 '실물'을 좋아해.

현찰이 아니면 적어도 다이아몬드 반지나 명품 가방 정도는 되어야지."

이러면서 깔깔 웃은 적이 있다. 그래, 나에게 은근히 속물 같은 면이 있기는 하지. 하지만 나에게도 남자가 보낸 시나 음악에 깜빡 죽던 '순수의 시대'가 있었다. 그때는 현실적인 능력보다 낭만적인 분위기를 조성하는 능력에 더 큰 점수를 주었다. 시와 음악으로 무장한 남자의 공략에 속절없이 무너지곤 했다. 그런데 그 시와 음악이 직접 지은 것이라면 어떨까. 여자가 감동하지 않을까.

오래전에 지인과의 저녁 식사 자리에서 '시 쓰는 남자'를 만난 적이 있다. 그는 대화 도중 자꾸 자기가 지은 시를 나에게 보여주었다. 그런데 그 시라는 것이 산문을 그냥 줄만 바꾼 수준이었다. 초면에 보여주지 말라고 할 수도 없고 참 난감했다. 그런데 내 반응이 호의적이라고 생각했는지 이어서 자작시에 곡을 붙인 자작곡을 들려주는 것이 아닌가. 물론 자작곡의 수준도 별반 다르지 않았다. 억지로 참고 듣고 있는데, 이번에는 한술 더 떠서 '느낀 점'을 말해 보라고 했다. 들어주는 것도 힘든데 '느낀 점'씩이나 말하라니. 짜증이 나기도 했지만 한 편으로는 애처롭다는 생각도 들었다. 얼마나 시 쓰고 음악 하는 남자가 부러웠으면 저럴까. 로맨스 가이에 대한 로망 자체가 죄는 아니지 않은가. 다만 능력이 없을 뿐이지. 나이 들어서 다른 엉뚱한 짓 하는 것보다 이게 훨씬 건전하지. 나름 귀엽잖아. 이렇게 생각하니 마음이 풀렸다. 그래서 "어머. 노래도 좋고, 가사도 좋아요."라는 아부성 멘트를 마구 날렸다. 시 쓰는 남자의 얼굴에 화색이 돌았다. 조만간 아내에게 바치는 노래도 작곡(?)할 거라는 말을 듣고 "아내분이 참 부럽네요."라고 말한 기억이 난다. 물론 이 말은 진심이었다.

"이 세상에 태어나서 단 한 사람, 당신에게 이 곡을 바칩니다."

음악가가 주인공인 영화를 보면 이런 코멘트가 적힌 악보를 사랑하는 여인에게 선물하는 장면이 나오기도 한다. 그걸 볼 때마다 저 여자는 전생에 나라를 구했나. 무슨 복이 있어서 저렇게 아름다운 음악을 선물로 받을까 부러워하곤 했다. 그러고 보니 살면서 남편에게 음악 선물 하나 못 받은 나는 아무래도 전생에 나라를 팔아먹었나 보다.

클래식 음악 중에 아내에게 바친 곡들이 꽤 있다. 가장 유명한 곡은 영국 작곡가 에드워드 엘가가 작곡한 〈사랑의 인사〉가 아닐까 싶다. 엘가는 영국 우스터 근처의 브로드히

스에서 가난한 음악상인의 아들로 태어났다. 음악에 남다른 재능이 있었지만 젊었을 때는 불우한 가정 형편 탓에 작곡가로서 꿈을 펼치지 못했다. 하이 스트리트에서 피아노 레슨으로 근근이 생계를 꾸려 가고 있었는데, 어느 날 구세주가 나타났다. 바로 캐롤라인 앨리스 로버츠라는 여성이었다. 앨리스는 엘가에게 피아노를 배우는 제자였다. 그녀는 피아노에는 별 소질이 없었지만 엘가의 잠재력을 알아보는 눈은 가지고 있었다.

두 사람은 곧 사랑에 빠졌다. 하지만 여자 측의 반대가 심했다. 앨리스는 엘가보다 나이가 9살이나 많은 데다가 엘가와는 비교가 되지 않을 만큼 높은 가문 출신의 여성이었기 때문이다. 그런데 이런 모든 장애에도 불구하고 두 사람은 결혼에 성공했다. 그때부터 엘가의 삶도 달라졌다.

귀족이었던 앨리스의 신분을 발판 삼아 엘가는 영국 상류사회로 진출할 수 있었다. 그때까지 나라를 대표할 작곡가가 없었던 영국에서 그는 금세 영국을 대표하는 국민 작곡가로 많은 사람들의 추앙을 받았다. 영국의 음악 발전에 공헌한 점을 인정받아 케임브리지 대학과 옥스퍼드 대학에서 명예 박사학위를 받았는가 하면 '경'의 작위까지 받아 정식으로 귀족이 되었다.

여담으로, 영국에서 엘가의 초상화가 20파운드 지폐에 들어간 적이 있었다. 그러다가 탄생 150주년을 맞기 직전인 2007년 3월에 지폐 속 인물이 애덤 스미스로 교체되었다. 탄생 150주년 기념행사를 준비 중이던 사람들이 당국에 항의했는데, 돌아온 대답이 재미있었다. 엘가의 얼굴 도안이 위조하기 쉬워서라고. 엘가의 얼굴이 그만큼 개성이 없다는 뜻인가. 이런 이유로 엘가의 얼굴은 20파운드 지폐에서는 사라졌지만 그가 작곡한 〈사랑의 인사〉는 사라지지 않고 지금도 전 세계인의 사랑을 받고 있다.

〈사랑의 인사〉는 1888년에 엘가가 앨리스에게 약혼 선물로 준 곡이다. 제목은 독일어를 좋아하는 앨리스를 위해 'Liebesgruss'로 했다가 프랑스어가 더 '있어' 보인다는 출판사의 의견에 따라 〈Salut d'Amour〉로 바꾸었다. 이 곡의 악보에는 피아노 독주, 피아노와 바이올린 이중주, 소편성의 관현악 등 몇 개의 버전이 있는데, 이 중 피아노와 바이올린 이중주 버전이 가장 많이 연주된다.

〈사랑의 인사〉는 제목처럼 다정하고 사랑스러운 곡이다. 4분의 2박자의 당김음으로 이루어진 전주에 이어 바이올린이 유명한 선율을 연주하는데, 그 소리가 마치 "안녕, 사랑하는 앨리스! 좋은 아침이에요."라고 인사를 건네는 듯한 느낌을 준다. 음악을 듣고 있으면 사랑에 빠진 젊은 엘가가 앨리스를 향해 수줍은 미소를 보내는 모습이 연상된다. 인생에서 가장 열정적으로 서로를 사랑할 때, 가장 순수하게 행복을 느낄 때, 이런 음악이 나왔다. 그래서 그런지 그냥 음악만 듣고 있어도 행복하다.

젊은 시절 엘가는 가난했다. 지체 높은 집안 출신인 앨리스에게 음악 말고는 줄 것이 없었다. 말 그대로 '나는 가난하여 가진 것은 오직 음악뿐'인 신세였다. 그러나 모르긴 몰라도 앨리스는 이 음악 선물에 한없는 행복을 느꼈을 것이다. 가난함에도 불구하고 앨리스가 엘가를 선택한 이유가 바로 음악이었기 때문이다. 그녀는 세상에 물질적인 것보다 더 소중한 것이 있다는 것을 알고 있었다. 그런 지혜로운 눈으로 남편을 선택했고, 일생을 자신의 선택에 충실한 삶을 살았다. 엘가와 앨리스 두 사람은 서로에게 소울메이트 같은 존재였다. 그렇게 서로 밀고 끌어 주며 평생 금실 좋은 부부로 살았다. 앨리스가 먼저 죽음에 이르자, 엘가는 헤어나질 못할 슬픔에 빠졌다. 그와 더불어 빛나던 창조력도 꺼지고 말았다. 그래서 이후로는 이렇다 할 작품을 쓰지 못했다고 한다. 엘가에게는 앨리스가 삶의 동반자이자 음악적 영감의 원천이었던 셈이다.

엑토르 베를리오즈 〈파우스트의 겁벌〉 중 〈마르가리트의 로망스〉
Hector Berlioz 〈Marguerite's Romance〉 from 〈The Damnation of Faust〉

사랑의 불꽃은 내 젊은 날을 태우고

사랑을 하면 세상 모든 유행가가 다 자기 노래처럼 느껴진다는 말이 있다. 나 역시 그랬다. 철없던 시절에 어떤 남자를 만나 불꽃 같은 사랑을 나누었다. 그리고 헤어졌다. 영원할 것 같았던 사랑이 순식간에 사라져버린 후, 나는 두고두고 괴로워했다. 그때는 정말 세상이 무너지는 것 같았다. 아무 일에도 의욕이 없었고, 살고 싶지 않았다. 친구들이 괜찮으냐고 물어보면 애써 아무렇지도 않은 척했지만 속으로 이렇게 울부짖고 있었다.

"나 안 괜찮아. 정말 안 괜찮아. 아주 죽을 것 같다고."

엘리엇이 "4월은 잔인한 달"이라고 했던가. 나에게도

그해 4월은 참으로 잔인한 달이었다. 4월이 되면 삼라만상의 모든 것들이 깨어난다. "죽은 땅에서 라일락을 피워내는" 강인한 생명력으로 겨우내 얼어붙었던 땅을 뚫고 해마다 찬란하게 부활한다. 그해 4월도 어김없이 그랬다. 봄을 맞은 산천이 그렇게 눈부시게 아름다울 수가 없었다. 연초록빛으로 해마다 새롭게 태어나는 자연 앞에서, 가히 폭력적이라고 할 만큼 가열 찬 그 생명력 앞에서, 사랑을 잃고 시들어 가는 내 자신이 그렇게 초라하게 느껴질 수가 없었다.

그때 참 많이 방황했다. 집에서 나와 징징 울면서 정처 없이 거리를 걷거나 아무 버스나 타고 종점까지 갔다가 오는 일을 반복하곤 했다. 그때는 거리나 버스에서 유행가가 많이 흘러나왔다. 들어보면 노래마다 구구절절 무슨 사연이 그렇게 많은지. 노래가 다 심금을 울렸다. 정말 세상 모든 유행가가 다 내 얘기 같았다. 아직도 그때 들었던 유행가의 한 구절이 생각난다.

보고파 하는 그 마음을 그리움이라 하면
잊고져 하는 그 마음은 사랑이라 말하리.
_〈사랑〉, 장은숙

확실히 사랑의 기쁨을 노래한 것보다 사랑의 아픔을 노래한 것이 훨씬 절절하게 가슴에 와닿는다. 만약 세상의 사랑이 다 해피엔딩으로 끝난다면, 지금까지 나온 노래의 대부분은 세상에 나오지도 못했을 것이다. 어디 노래뿐인가. 영화, 시, 소설, 그림, 조각도 마찬가지다. 사랑의 아픔이 있기에 그토록 아름다운 예술작품이 탄생할 수 있었다. 그런 의미에서 사랑의 고통은 세상 모든 예술을 탄생시킨 영감의 원천이라 할 수 있다.

클래식 음악 중에도 사랑의 고통을 노래한 것이 많이 있다. 그중 가장 절절하게 마음을 울리는 노래를 꼽으라면 나는 주저 없이 베를리오즈의 〈파우스트의 겁벌〉에 나오는 〈마르가리트의 로망스〉라고 말하고 싶다.

〈파우스트의 겁벌〉은 괴테의 《파우스트》를 바탕으로 만든 오페라이다. 악마 메피스토펠레스에게 영혼을 팔고 젊음을 얻은 파우스트는 마르가리트와 사랑을 나눈다. 마르가리트는 이 과정에서 어머니를 잃고, 아기까지 갖게 되지만 파우스트는 그녀를 버리고 멀리 떠난다. 〈마르가리트의 로망스〉는 파우스트에게 버림받은 마르가리트가 절망 속에서 파우스트를 그리워하며 부르는 노래이다.

이 노래를 들을 때마다 나는 가슴이 '저리다'는 느낌이 어떤 것인지 절감하곤 한다. 노래도 노래지만 전주와 간주, 후주로 나오는 잉글리시 호른 소리가 가슴에 사무친다. 잉글리시 호른은 오보에족 악기다. 오보에보다 어두운 소리를 내는데, 오케스트라에서 애절하면서도 아련한 느낌을 표현할 때 많이 쓰인다.

잉글리시 호른은 "사랑의 불꽃은 내 젊은 날을 태우고, 아! 마음의 평화는 영원히 사라지고 말았구나."라는 노래의 선율을 전주와 간주, 후주로 연주한다. 그 소리가 그렇게 절절하게 가슴에 어필해 올 수가 없다. 그야말로 뼈에 사무치는 소리라고나 할까. 그렇게 아련한 잉글리시 호른의 전주가 끝나면 마르가리트의 노래가 시작된다.

사랑의 불꽃은 내 젊은 날을 태우고
아! 마음의 평화는 영원히 사라지고 말았구나.
그는 날 떠났어.
이제 내 곁에 없어.
내게는 죽음과 같은 것
그와 멀리 떨어져 있는 지금
모든 것이 흐느끼고 있구나.
그리하여 가여운 내 영혼은 무너져 내리고

고통으로 멈춰버린 가냘픈 내 심장은

곧 차갑게 얼어붙는다.

내 가슴을 설레게 했던 그의 발걸음

그 우아한 자태

달콤한 미소를 머금은 그 입술

매혹적인 그 눈동자

마법 같은 목소리

나를 불타오르게 했던 그 모든 것들

나를 애무하던 그 손길

아! 그리고

그 입맞춤!

나는 창가에서, 아니면 밖에서, 하루 종일

그가 나타나길, 그가 빨리 돌아오길 기다린다.

그가 돌아오는 걸 생각하면

심장이 사정없이 요동친다.

내 사랑이 그를 다시 돌아오게 할 수 있을까?

오! 불같이 뜨거운 애무!

언젠가 그런 날이 오기를!

사랑의 입맞춤으로 내 영혼이 흐느끼는 그 날

사랑의 입맞춤으로.

1장 사랑, 그 가없는 기쁨과 고통의 원천

노래를 듣고 있으면 내 가슴 저 깊은 곳에서부터 통곡이 올라오는 것 같은 느낌이 든다. 아! 마르가리트처럼 젊은 시절, 사랑을 잃고 나는 얼마나 괴로워했던가. 매일같이 그와 다시 만날 날을 꿈꾸었다. 그러나 헛된 희망은 늘 절망이 되어 돌아왔다.

나는 알고 있었다. 모든 것이 끝났다는 것을. 한순간 내 삶을 빛으로 물들였던 그 찬란한 시간은 다시 돌아오지 않는다는 것을. 비 오는 날의 의기투합이며, 강가 선술집에서의 치기 어린 술주정, 영화 속 연인들만큼이나 기꺼이 유치했던 사랑의 말들. 그 모든 것들을 이제 두고두고 고통으로 떠올릴 수밖에 없다는 것을.

지금도 나는 〈마르가리트의 로망스〉를 예사로 듣지 못한다. 들을 때마다 그냥 가슴이 아프고 아리다. 절망으로 몸부림치던 그 시절의 내가 너무 가여워서, 또한 음악이 아름다워서 나는 운다. 사랑의 아픔을 이토록 아름다운 음악으로 승화시킬 수 있다니. 그리하여 그 고통스러운 시간도 아름답게 추억할 수 있게 하다니! 나는 음악가에게 이토록 아름다운 영감을 준 세상 모든 사랑의 고통에 찬사를 보낸다.

한때 가없는 고통의 원천이었던 사랑의 아픔도 시간이 지나면 서서히 옅어지는 법이다. 한창 괴로울 때는 한 십

년쯤 후딱 지나 버리면 이날을 웃으며 얘기할 수 있을까 생각했었는데, 십 년이 뭐야. 십 년의 몇 배가 되는 세월이 후딱 지나가 버리고 말았다. 이제 무모하고 맹목적인 사랑에 빠질 나이는 지났다. 이미 오래전에 나는 어려서부터 가슴 설레며 키워 온 '나의 라임 오렌지 나무'를 내 마음속에서 잘라 내고 말았다.

한때 가없는 행복과 절망의 원천이었던 그 열망은 이제 내 것이 아니다. 사랑의 불꽃은 내 젊은 날을 소진시키고 사라져 버렸다. 그렇게 불타 버린 시간의 잔해 속에서 지금 나는 지극히 편안하다.

그럼에도 어느 날 문득 젊은 시절 가슴을 훑고 지나갔던 찬란한 희열과 고통의 순간들이 생생하게 되살아날 때가 있다. 코끝을 스치는 바람에서 문득 봄을 느낄 때, 빗방울이 들이치는 유리창 너머로 축축하게 젖은 거리를 바라볼 때, 〈마르가리트의 로망스〉처럼 사랑의 아픔을 절절히 토로하는 노래를 들을 때 그렇다.

아! 그때 내 가슴은 순수한 열정으로 가득 차 있었지. 내 영혼을 설레게 했던 푸른 눈의 나의 왕자는 어디 갔느냐? 내 가슴을 불타오르게 했던 그 뜨거운 심장은 어디 갔느냐? 이별의 아픔에 몸부림치며 울던 젊은 날의 나는 어디 갔느냐? 나의 고통은 어디 갔느냐? 지금 내가 누리는 이 평화의 시간은 결국 젊음을 대가로 얻은 것 아니더냐.

나이가 들어 편안해졌다고 돌아갈 수 없는 그 시간이 아깝지 않은 건 아니다. 아니. 가끔 그 시절이 미치도록 그립다. 그러니 사랑에 상처받고 가슴 아파하는 젊은 청춘이여, 사랑의 열망이 선물한 그 고통에 감사하라. 머지않아 그 열망이 사라질 날이 오리니. 그때가 되면 상처로 얼룩진 그대의 젊은 날이 축복이었다는 것을 알게 될 것이다.

클로드 드뷔시 〈달빛〉
Claude Debussy 〈Clair de lune〉

수채화 같은 사랑 이야기

영화 중에는 한 편의 시(詩), 한 폭의 수채화 같은 영화가 있다. 말은 최대한 자제하고, 오로지 분위기와 느낌으로만 이야기하는 영화를 말한다. 1993년에 개봉된 트란 안 홍 감독의 〈그린 파파야 향기〉가 바로 그런 영화다.

　〈그린 파파야 향기〉의 배경은 1951년 베트남 사이공이다. 열 살의 어린 소녀 무이는 어느 부잣집의 종으로 들어간다. 그 집의 주인마님은 몇 년 전에 무이와 같은 또래의 딸을 잃는 아픔을 겪었다. 그래서 딸에 대한 사무치는 그리움을 안고 살아가고 있다. 이런 주인마님에게 무이는 작은 위안이 된다. 비록 종이지만 무이는 자신을 딸처럼 아끼는 주인마님의 보살핌을 받으며 행복하게 살아간다.

주인마님에게는 당연히 남편이 있다. 하지만 그녀에게 남편은 있으나 마나 한 존재다. 현실적인 일에는 전혀 관심이 없고, 매일 베트남 전통악기를 띵까띵까 타면서 무위도식을 일삼는 풍류남이기 때문이다. 그렇게 풍류를 즐기다가 방랑벽이 도지면 집에 있는 돈을 몽땅 가지고 나가 몇 달씩 혹은 몇 년씩 안 들어오는 사고를 치기도 한다.

이런 남자가 영화에만 있는 건 아니다. 현실에도 이런 남자들이 여기저기 널려 있다. 가족을 나 몰라라 내팽개치는 것도 모자라 바람까지 피우는 남자. 자신의 폼 나는 인생을 위해 자식과 아내를 희생시키는 남자. 그러면서도 전혀 죄의식을 못 느끼고 큰 소리 떵떵 치는 남자. 이런 남자 한두 명쯤은 보았을 것이다.

과거 우리 여인네들이 그랬던 것처럼 마님은 남편을 전혀 원망하지 않는다. 그저 조용히 그것을 숙명으로 받아들이고, 남편이 집에 들어온 것만을 다행으로 여긴다. 무책임한 남편 대신 가정 경제를 책임지고 남편의 잦은 가출로 점점 기울어져 가는 가세를 어떻게든 유지하려고 애쓴다.

사실 이런 종류의 이야기는 우리에게 지겹고 진부하다. 새로울 것이 하나도 없다. 하지만 〈그린 파파야 향기〉에서 이를 표현하는 방식은 매우 신선하다. 진부한 소재를 지극히 산뜻한 감각으로, 전혀 느끼하게 않게, 산문이 아닌 시로, 유화가 아닌 수채화로, 동물성이 아닌 식물성 감각으로 그려낸다. 이런 종류의 영화에 있을 법한 걸쭉한 통곡과 원망, 신세 한탄 없이 오로지 분위기만으로 주인마님의 근원적 외로움과 상처를 그린다. 그것도 아주 감각적으로 아름답게.

〈그린 파파야 향기〉라는 제목이 암시하듯 이 영화는 식물성 영화다. 더운 지방 특유의 풍성하게 잘 자란 초록의 식물들이 지천에 널려 있다. 양분을 충분히 빨아들여 잘 자란 초록색 잎사귀와 그것을 안식처 삼아 살아가는 작은 벌레들에 대한 디테일한 묘사가 그 곁에서 벌어지는 인간사의 어두운 그늘을 충분히 상쇄시키고도 남을 정도로 싱싱하다. 그래서 인간사조차도 각박하게 느껴지지 않는다.

세월이 흘러 어느새 스무 살이 된 무이는 자신을 딸처럼 아껴 주던 마님 곁을 떠나게 된다. 가세가 기울어 더 이상 무이를 거둘 수 없게 된 마님이 무이를 큰아들 트렁의 친구인 쿠엔의 집으로 보내기로 한 것이다. 그녀는 딸을 시집보내는 심정으로 딸에게 주려고 했던 옷과 패물을 무이에게 챙겨 준다.

무이의 새 주인 쿠엔은 넓은 집에 혼자 살면서 작곡으로 시간을 보내고 있는 부잣집 아들이다. 작곡가라고는 하지만 그렇게 치열하게 일을 하는 것 같지는 않다. 본업은 백수, 작곡은 그저 소일거리 삼아 하는 취미라고나 할까. 전형적인 유한마담 아니 '유한총각'인 셈이다. 이 부잣집 도련님이 피아노 앞에 앉아 작곡이랍시고 드뷔시 풍의 감각적인 선율을 연주하는 동안 무이는 집 안팎을 부지런히 돌아다니며 집안일을 한다. 이름하여 '개미와 베짱이가 있는 풍경'이다.

그런데 개미는 이 상황이 행복하기만 하다. 즐거운 마음으로 충실하게 개미 역할을 수행한다. 왜냐하면 처음 마님 집에 들어갔을 때부터 트렁과 함께 집에 놀러 온 쿠엔을 남몰래 사모하고 있었기 때문이다. 그렇게 사모하던 남자와 한집에서 살게 되었으니 몸종이면 어떻고 하녀면 또 어떠하랴.

쿠엔에게는 예쁘고 세련된 약혼녀가 있다. 그녀는 수시로 쿠엔의 집에 찾아와 연인에게 적극적인 애정 공세를 펼친다. 그 모습을 무이는 먼발치에서 순진무구한 눈으로 바라본다. 그러던 어느 날, 무이는 약혼녀가 벗어놓은 금빛 샌들을 발견한다. 호기심이 발동한 무이는 이 낯선 물건을 발가락으로 살짝 건드려 본다. 바로 그때 드뷔시의 〈달빛〉이 흐른다.

여기서 금빛 샌들은 낯선 세계에 대한 동경, 예쁜 것에 대한 여성적인 호기심을 상징한다. 그리고 그 순간 흘러나오는 드뷔시의 〈달빛〉은 무이가 이제까지 알지 못하던 감미로운 감각의 세계로 통하는 문을 살짝 열었다는 것을 의미한다. 무이가 나긋나긋한 식물성 재료를 사용해 음식을 장만하고, 그것을 쿠엔의 식탁 위에 정갈하게 차리는 동안에도 드뷔시의 〈달빛〉이 흐른다. 식탁 위에 차려진 음식처럼 기름기를 뺀 피아노의 산뜻한 울림은 무이와 쿠엔 사이에 사랑이 싹트고 있다는 것을 암시한다.

드뷔시의 음악은 분위기의 음악이다. 직접적으로 대놓고 얘기하지 않고 그냥 느낌과 분위기로 무언가를 '암시'한다. 영화 〈그린 파파야 향기〉도 이런 드뷔시의 음악과 닮아 있다. 여기서 무이와 쿠엔은 거의 대화를 나누지 않는다. 그저 표정과 행동으로만 얘기한다. 귀에 들리는 것은 풀벌레 소리와 쿠엔이 연주하는 드뷔시풍의 피아노 소리뿐. 초록의 식물이 무성한 이 감각적인 공간에서 무이와 쿠엔도 그저 풍경의 일부일 뿐이다.

그 후 두 사람 사이를 눈치챈 약혼녀가 찾아와 한바탕

소란을 피운다. 하지만 그녀가 돌아간 다음 또다시 예전의 평화가 찾아온다. 쿠엔은 무이에게 글을 가르친다. 쿠엔이 연주하는 드뷔시 풍의 피아노 선율을 배경으로 무이는 천진난만한 목소리로 천천히 글자를 읽어 나간다. 마지막 장면에서 만삭의 무이가 새 생명의 탄생을 예고하는 시를 읊으며 영화는 해피엔딩으로 끝난다.

현실에서 주인집 도련님과 몸종이 사랑의 결실을 맺는 경우는 거의 없다. 게다가 부잣집 딸내미일 것이 분명한 약혼녀를 제치고 일개 몸종이 안방마님이 된다는 것은 상상도 할 수 없는 일이다. 하지만 드뷔시의 〈달빛〉이 흐르는 순간 나는 예상했다. 이 영화는 현실이 아닌 꿈을 그린 영화라고. 그러니 부잣집 도련님을 사랑하는 천진난만한 소녀의 꿈도 이루어질 것이라고.

〈그린 파파야 향기〉의 배경은 베트남이지만 이 영화는 엄밀하게 말해서 베트남 영화가 아니다. 드뷔시의 〈달빛〉이 시사하듯 프랑스 감성에 충만한 프랑스 영화다. 보는 사람의 눈과 귀를 매료시킨 영화 속 공간 역시 베트남이 아니라 프랑스에 지어진 세트장이라고 한다. 풀벌레 소리가 들리는 그 이국적인 초록의 공간이 실재하는 공간이 아니었던 것이다.

이와 마찬가지로 이 영화의 해피엔딩 역시 현실에는 있을 법하지 않은 얘기다. 그럼에도 불구하고 나는 이런 식의 해피엔딩을 보는 것이 즐겁다. 수채화처럼 산뜻하고 투명한 사랑. 초록의 식물처럼 싱그러운 사랑. 사람 사는 것이 아무리 각박해도 세상에 이렇게 풋풋한 사랑 이야기가 하나쯤은 있어야 하지 않을까.

에드바르드 그리그 〈페르 귄트〉 중 〈솔베이그의 노래〉
Edvard Grieg 〈Solbeig's Song〉 from 〈Peer Gynt〉

당신을 기다리고 또 기다릴게요

사랑에는 여러 종류가 있다. '기브 앤 테이크'의 계산적인 사랑이 있는가 하면 상대에게 무조건적으로 주기만 하는 조건 없는 사랑도 있다. 예술 작품에서 순애보는 '아름다운 사랑', '지고지순한 사랑'으로 포장되곤 한다. 이런 경우 대개 주는 쪽은 여자고, 받는 쪽은 남자다. 괴테 《파우스트》의 그레트헨은 처녀인 자기를 임신시키고 가버린 파우스트를 여전히 사랑하고, 푸치니 〈나비 부인〉의 초초상은 역시 자기를 버리고 간 핑커톤이 돌아올 것이라 굳게 믿고 있다. 그가 본국으로 돌아가 미국 여자와 정식으로 혼인한 사실도 모르는 채.

입센의 연극 〈페르 귄트〉에 나오는 솔베이그도 그런 여자다. 그녀가 사랑한 남자 페르 귄트는 요즘 우리가 흔히 얘기하는 '나쁜 남자'에 속한다. 그는 이리저리 돌아다니며 사람들에게 사기를 치고, 납치와 도둑질을 일삼는다. 페르 귄트의 아버지는 본래는 귀족이었는데, 타고난 낭비벽에다가 술버릇으로 가산을 모두 탕진했다. 사정이 이러면 아들이라도 정신을 차려야 하는데, 아버지의 기질을 그대로 물려받았는지 이 아들놈은 몰락한 집안을 일으킬 생각은 하지 않고 맨날 사고만 치고 다닌다.

행운의 한 방을 노리는 페르 귄트는 부잣집 딸 잉그리드에 눈독을 들인다. 하지만 잉그리드 집안에서 결사적으로 반대한다. 나라도 그러겠다. 어느 누가 백수 놈팽이한테 딸을 주고 싶을까. 하지만 여기서 포기할 페르 귄트가 아니다. 그는 잉그리드가 다른 남자와 결혼할 것이라는 얘기를 듣고 결혼식장으로 간다. 그런데 거기서 산지기의 딸 솔베이그를 만난다. 페르 귄트는 솔베이그에게 춤을 추자고 하지만 그녀 아버지가 막는다. 솔베이그의 아버지 역시 그가 평판이 안 좋은 사람이라는 걸 알고 있기 때문이다.

여기에서 페르 귄트는 교묘한 방법으로 신부인 잉그리드를 납치해 산속으로 데려간다. 사실 잉그리드는 페르 귄트에게 어느 정도 호감을 품고 있었지만 납치를 당하는 바람에 그 호감이 혐오로 바뀌고 만다. 결국 페르 귄트는 잉그리드를 납치한 죄로 마을에서 추방을 당한다. 그 후 곳곳을 돌아다니며 온갖 일을 다 겪는데, 이야기가 워낙 버라이어티해서 현실인지 환상인지 구분이 안 될 정도다. 그 과정에서 페르 귄트는 죽을 고비를 넘기기도 하고, 재물을 많이 모았다가 쫄딱 망하기도 한다.

페르 귄트가 이렇게 사고를 치고 돌아다니는 동안, 고향에서는 한 여인이 그를 기다리고 있다. 바로 솔베이그다. 솔베이그는 지고지순한 사랑의 표상과 같은 여인이다. 언제 돌아올지 모르는 페르 귄트를 하염없이 기다리고 또 기다린다. 솔베이그를 떠올릴 때마다 남자들이 이런 여자에 대한 로망을 갖고 있나 하는 생각이 든다. 괴테는 "영원히 여성적인 것이 인간을 고양시킬 것"이라고 했는데, 그레트헨도, 솔베이그도 모두 세속적인 사랑과는 차원이 다른 사랑을 한다.

노르웨이의 작곡가 그리그는 입센의 요청을 받고 그의 연극 〈페르 귄트〉가 공연될 때 사용할 음악을 썼다. 그 음악 중에서 가장 유명한 것이 〈솔베이그의 노래〉이다. 공연 중에 〈솔베이그의 노래〉는 세 번 나오는데, 3막에서는 오케스트라 연주로, 4막과 5막에서는 소프라노 독창으로 나온다. 솔베이그의 순애보적 사랑을 느낄 수 있는 순결하고 아름다운 노래다.

그 겨울이 지나고 봄은 가고 또 봄은 가고
그 여름날이 지나면 또 세월이 간다.
그러나 언젠가 당신은 돌아올 거예요.
나는 그렇게 믿고 있어요.
그러니 나는 기다릴 거예요.
전에 당신에게 약속한 대로.

당신이 혼자 외롭게 이 세상을 방황할 때
신께서 당신을 지켜 주기를.
당신이 신의 보좌 앞에 무릎 꿇으면
그가 당신에게 힘을 주시길.
만약 당신이 하늘에서 저를 기다리고 있다면
그곳에서 다시 만나 사랑을 나누고
영원히 헤어지지 말아요.

겨울이 지나 봄이 오고, 또 그 봄이 지나 여름이 오고.

가을을 거쳐 다시 겨울이 오고. 그렇게 돌고 돌기를 수십 번, 수많은 세월이 속절없이 흐르는 동안에도 페르 귄트를 향한 솔베이그의 굳건한 사랑과 믿음은 변함이 없다.

사실 이런 사랑을 현실에서 보기는 쉽지 않다. 그러니까 예술의 소재가 되는 것이겠지. 누구나 꿈꾸는 아무 조건 없는 사랑 그리고 그 사랑을 향한 하염없는 기다림. 그리그의 〈솔베이그의 노래〉는 이 기약 없는 소망을 아련한 멜로디에 담아낸 순애보의 결정판이라 할 수 있다. 노래를 들어보라. 얼마나 아름다운가. 그리고 얼마나 가슴 저린가. 세상의 모든 사랑은 그리고 세상의 모든 기다림은 그늘 아래 있을 때 더 아름다운 법이다. 우리의 감성은 그 그늘을 먹고 산다. 그 그늘 아래에서 흐느끼고, 그 그늘 아래에서 아득해진다.

페르 귄트는 고향에서 자기를 기다리고 있는 솔베이그는 까맣게 잊고 온갖 허황된 꿈을 찾아 이리저리 돌아다닌다. 그러는 사이에 어느덧 노인이 된다. 늙은 페르 귄트는 그동안 번 재물을 배에 하나 가득 싣고 귀국길에 오른다. 하지만 도중에 폭풍을 만나 재물을 가득 실은 배가 침몰하고 만다. 다시 무일푼이 된 페르 귄트는 거지나 다름없는 꼴로 산중 오두막을 찾는다. 그곳에는 이미 백발이 된 애인

솔베이그가 여전히 그를 기다리고 있다. 솔베이그를 만난 페르 귄트가 묻는다.

"우리가 마지막으로 만난 후, 페르 귄트는 어디에 있었지? 온전하고 진실한 페르 귄트는 어디에 있었던 거지?"

그러자 솔베이그가 대답한다.

"내 믿음, 내 소망, 내 사랑 안에 있었어요."

페르 귄트는 솔베이그의 무릎을 베고, 그녀가 노래하는 자장가를 듣는다. 여기서 자장가를 부르는 솔베이그는 자신을 어머니, 페르 귄트를 아들이라고 부른다. 그렇게 늙고 병든 페르 귄트를 어머니처럼 품어 준 것이다. 그 편안한 품 안에서 페르 귄트는 조용히 숨을 거둔다.

잘 자라, 내 보물, 내 아기
내가 당신을 위로하고, 당신을 지켜 줄게요.
다정한 목소리로 흥얼거리는 자장가를 들으며
그대 삶의 모든 시간들을 추억하기를
어머니의 품은 세상 모든 고통을 잠재우는 곳
그대 삶의 모든 순간들. 오! 주여! 그건 기쁨이었지요.
이제 어머니의 품 안에서 안식을 찾으리.

살아온 그 모든 시간들,

그토록 고통스러웠던 번민의 나날들

잘 자라, 내 보물, 내 아가

내가 당신을 위로하고, 당신을 지켜 줄 테니.

〈솔베이그의 자장가〉는 돌아온 탕아 이야기의 아름다운 결론이다. 페르 귄트를 기다리다 백발의 노인이 된 솔베이그는 이제 연인이 아닌 어머니의 마음으로 페르 귄트를 품는다. 어머니의 품은 절대적인 위로와 안식의 표상이다. 《성경》에 "수고하고 무거운 짐 진 자들아. 다 내게로 오라. 내가 너희를 편히 쉬게 하리라."라는 구절이 있다. 어머니의 마음이 딱 이런 것이다. 솔베이그의 말처럼 어머니의 품은 세상 모든 고통을 물리친다.

자장가를 듣다 보면 솔베이그가 조용히 읊조리듯 "소브!(Sov)!"라고 노래하는 대목이 나온다. 우리말로 "잘 자라!"라는 뜻인데, 마음이 복잡해 잠이 안 올 때 속으로 조용히 불러 보라.

"소브!"

금세 편안해질 것이다.

2장

위로와 안식이 필요한 날에는

J. S. 바흐 〈무반주 첼로 모음곡〉 제6번 〈사라방드〉
J. S. Bach 〈Sarabande〉 from 〈Cello Suite No.6〉

세상에서 가장 슬픈 춤곡

한때 취미로 첼로를 배운 적이 있었다. 내가 여기서 '한때' 라고 표현한 것은 지금은 잠시 쉬고 있기 때문이다. 내가 적지 않은 나이에 첼로를 배우겠다고 생각한 것은 치매 예 방 차원에서였다. 어디에선가 악기를 배우는 것이 치매를 예방하는 데 도움이 된다는 말을 들었기 때문이다. 피아노 는 어느 정도 칠 줄 아니 현악기를 배워 볼까 해서 선택한 것이 첼로였다.

하지만 오로지 치매 예방만을 위해서 첼로를 시작한 건 아니었다. 이건 그냥 웃자고 한 얘기고, 이보다 더 근원 적인 이유가 있다. 첼로라는 악기가 가지고 있는 독특한 매력 때문이다. 나는 우선 악기를 품에 안고 연주하는, 첼로 특유의 연주 자세가 마음에 든다. 사람을 품는 것처럼 인간적인 자세, 악기의 울림을 온몸으로 받아들이고 느끼게 하는 그 자세가 좋다. 게다가 음색은 또 얼마나 친근한가. 악기 중에서 인간의 목소리와 가장 가까운 악기가 첼로라고 한다. 그래서 그런지 첼로 소리를 들으면 마음이 편안해진다. 바이올린이 흥분시키는 악기라면 첼로는 가라앉게 하는 악기다.

어려서부터 첼로에 대한 로망이 있었지만 쉽게 실행에 옮기지는 못했다. 그러다 어느 날, 과감하게 첼로 교습소의 문을 두드렸다. 지금도 첼로를 처음 손에 잡았던 순간을 잊지 못한다. 활을 줄에 대고 그었는데, 줄과 90도 각도를 이루어야 할 활이 자꾸 비뚤어지는 것이 아닌가. 활을 똑바로 긋는 것이 그렇게 힘든 일이라는 것을 그때 처음 알았다. 어디 그뿐이랴. 홀로 소리를 내야 할 줄이 옆줄과 사이좋게 화음(?)을 이루는 참사도 발생했다.

첼로에서 이제까지 들어본 적이 없는 이상한 소리가 났다. 내 꿈은 창대했으나 현실은 지극히 처참했다. 꿈과 현실의 엄청난 간극 앞에서 나는 '존재의 참을 수 없는 괴로움'을 느꼈다. 하지만 나는 이 고통을 예술로 승화시키기로 했다. 그래. 이것은 21세기를 살아가는 인간의 고통을 묘사한 전위음악이야. 이러면서 말이다.

내 첼로가 고통에 몸부림쳤다. 아무리 전위음악이라지만 음악이 너무 난해해서 백남준과 존 케이지가 울고 갈 정도였다. 그렇게 첫 레슨이 끝났다. 그런데 마음이 그렇게 참담할 수가 없었다. 아무리 첼로를 처음 한다지만 그래도 명색이 음대 출신인데 이렇게 처참하게 망할 줄은 몰랐다. 그 순간 오기가 생겼다. 한번 제대로 해 보자는 생각이 들었다.

대개 나이 들어서 악기를 시작하면 얼마 못 가 포기하는 경우가 많다. 악기에 대한 로망만 갖고 섣불리 시작했다가 어려운 고비를 넘기지 못하고 그만두는 것이다. 하지만 나는 애초에 로망 같은 것이 없었다. 어린 시절에 이미 피아노를 배웠던 나는 악기를 배우는데 고통과 인내의 시간이 필요하다는 것을 알고 있었다. 그래서 처음부터 어설프게 첼리스트 기분 내지 않고 주야장천 연습만 할 각오로 시작했다.

그 후 나의 첼로 실력은 일취월장했다. 〈반짝 반짝 작은 별〉과 〈떴다떴다 비행기〉를 거쳐 드디어 〈주먹 쥐고 손을 펴서〉라는 고난도(?)의 곡을 연주할 수 있는 경지에 이르

게 되었다. 실력이 이 정도 되니 어설프게 첼리스트 기분을
내지 않겠다던 애초의 결심이 무너져 버렸다. '또다시 펴서
손뼉 치고'에 이르면 나도 모르게 흥분이 돼서 마치 대가라
도 된 듯 활을 과감하게 그으며 있는 폼 없는 폼을 다 재곤
했다.

그때 연습을 지켜보던 남편이 말했다.

"'또다시 펴서 손뼉치고' 그 부분이 특히 감동적이었
어."

하. 내가 특히 그 부분을 자클린 뒤 프레 급으로 연주
한 건 어떻게 알았지? 하여간 듣는 귀는 있어 가지고.

그렇게 한 1년 동안 첼로를 배웠다. 처음에는 힘들었
지만 나중에는 재미가 붙어서 연습도 열심히 했다. 선생이
농담으로 음대 입시 준비하자고 할 정도였다. 그렇게 열심
히 한 끝에 드디어 꿈에도 그리던 바흐의 무반주 첼로 모음
곡에 도전할 수 있게 되었다. 보면대 위에 제1번 〈전주곡〉의
악보를 펼치는 순간 가슴이 짜릿했다. 내 로망이 바흐의 무
반주 첼로 모음곡 아니었던가. 그 로망이 바야흐로 실현되
는 순간이었다.

그런데 곡의 전반부를 연습하는 동안 개인적으로 힘
든 일이 생겼다. 그래서 부득이하게 첼로를 그만둘 수밖에

없었다. 그리고 그로부터 1년이 지난 지금까지 첼로를 다시 시작하지 못하고 있다. 하지만 언젠가 다시 하긴 해야 한다. 아직 내 로망이 완전히 실현된 건 아니니까. 1번의 〈전주곡〉을 조금 연습하다 중단했지만 내 최종 목표는 6번의 〈사라방드〉이다. 이 곡은 바흐의 모음곡 중에서 내가 가장 좋아하는 곡인데, 5현 첼로를 위한 곡이기 때문에 연주하기 힘들다는 얘기를 들었다. 그럼에도 죽기 전에 이 곡을 그냥 흉내라도 내고 싶었다.

바흐의 〈무반주 첼로 모음곡〉은 속도와 성격을 달리하는 여섯 개의 춤곡을 모아 놓은 것이다. 첫 곡인 전주곡에 이어서 알레망드, 쿠랑트, 사라방드, 미뉴엣(부레 혹은 가보트), 지그 이렇게 여섯 곡으로 구성되어 있다. 이 여섯 곡을 반주 없이 첼로 혼자 연주한다. 누구의 도움도 없이 첼리스트 혼자 고독하게 연주하는 것이다. 그런 의미에서 이 곡은 첼리스트의 외로운 독백이라 할 수 있다.

모음곡을 구성하고 있는 여섯 곡 중에서 가장 느린 곡은 네 번째 곡인 〈사라방드〉이다. 〈사라방드〉는 17세기 스페인 궁정에서 추던 3박자의 춤곡이다. 두 번째 박자에 악센트가 들어가서 전체적으로 장중하면서도 처연한 느낌을 준다. 그래서 모음곡을 구성하고 있는 6곡 중에서 감정적으로 가장 중요한 곡으로 꼽힌다. 연주자마다 스타일은 다르지만 모두가 감정을 충분히 실어서 연주한다.

오늘날 〈사라방드〉는 '세상에서 제일 슬픈 춤곡'이라는 이름으로 불린다. 첼리스트 요요 마는 이 곡을 '절대적인 절망 속에서 태어난 곡'이라고 했고, 로스트로포비치는 이 곡을 연주할 때마다 격렬한 고독을 느낀다고 했다. 그렇게 〈사라방드〉는 슬픔, 절망, 고독의 대명사가 되었다.

바흐의 모음곡에 있는 〈사라방드〉 중에서 나는 6번의 〈사라방드〉를 제일 좋아한다. 무반주 첼로 모음곡의 대단원을 장식하는 6번 D장조는 삶의 기쁨, 생기발랄함을 느끼게 하는 곡이다. 바흐는 1번을 경쾌함으로 시작해 2번 슬픔, 3번 찬란함, 4번 장엄함, 5번 어두움을 거쳐 6번 생기발랄함으로 대단원을 막을 내리는 절묘한 구성법을 썼다.

6번은 높은 음역에 E현을 첨가한 5현 첼로를 위해 쓰였다. 음역이 높아 전체적으로 밝은 느낌을 준다. 하지만 네 번째 곡인 〈사라방드〉는 이렇게 밝은 곡에서조차 '세상에서 제일 슬픈 춤곡'이라는 정체성을 버리지 않고 있다. 그 슬픔이 그렇게 찬란하게 아름다울 수가 없다. 그래서 그런가. 이 곡은 '신들의 춤곡'이라는 또 다른 별명을 갖고 있다.

살다 보면 주체할 수 없이 깊은 슬픔에 빠질 때가 있

다. 그럴 때 어떤 사람은 슬픔을 이겨 내라고 말하기도 한다. 하지만 사실 우리는 슬픔은 이겨 낼 방법이 없다. 도대체 어떻게 슬픔을 이길 수 있단 말인가. 불가능한 일이다. 우리가 할 수 있는 것은 슬픔을 그냥 견디는 것일 뿐, 세상에서 제일 슬픈 춤곡, 그 처연함으로 슬픔마저 찬란한 아름다움이 된 〈사라방드〉를 들으며 격렬한 고독, 절대적 절망, 가없는 슬픔 속으로 깊이 침잠하는 수밖에 없다.

그렇게 그 깊은 울림 속에 침잠해 있다 보면 어느덧 첼로가 특유의 고독하고 그윽한 목소리로 나에게 말을 걸어올 것이다. 그냥 슬퍼하라고. 마음껏 흐느끼라고. 내 그늘에 와서 마음의 위안을 얻으라고.

프란츠 슈베르트 〈겨울 나그네〉 중 〈보리수〉
Franz Schubert 〈Der Lindenbaum〉 from 〈Winterreise〉

친구여! 내게로 와서 안식을 찾으렴

몇 년 전, 독일 함부르크에 있는 미술관 쿤스트할레에 갔다가 낯익은 그림과 만난 적이 있다. 독일 낭만파 화가 카스파 다비드 프리드리히가 그린 〈안개 바다 위의 방랑자〉(1818년경)라는 그림이었다. 평소에 이 그림을 좋아했지만 이것이 쿤스트할레에 있는 줄은 몰랐다. 너무 반가워서 한참 동안 멈춰 서서 그림을 감상했던 기억이 난다.

프리드리히는 인생을 '안개에 뒤덮인 채 파도치는 바다와 같다'고 했다. 평생 고독과 가난 속에 살다 간 그는 여름보다는 겨울을, 풍성한 초록 잎을 자랑하는 나무보다는 앙상한 가지만 드러낸 나무를, 휘황찬란한 왕궁의 영화보다 무너져 이미 폐허가 된 시대의 잔해를, 생생한 삶의 현장보다는 쓸쓸하게 버려진 무덤을 즐겨 그렸다.

〈안개 바다 위의 방랑자〉를 볼 때마다 나는 이 방랑자처럼 세상을 살다 간 한 사람의 작곡가를 떠올리곤 한다. 이 외로운 방랑자는 과연 누구일까? 그토록 짧은 시간 동안 이 세상에 머물다 간 사람, 그렇게 신비롭고 아름다운 노래를 만들었던 사람, 인간의 시련에 대해 그토록 심오한 노래를 부를 수 있었던 사람.

그는 슈베르트였다.

슈베르트와 프리드리히는 동시대를 살았지만 두 사람이 서로 교류를 나누지는 않았다. 그런데도 두 사람의 작품은 묘하게 닮은 데가 있다. 프리드리히는 주로 풍경을 그렸지만 내가 주목한 것은 풍경이 아니다. 그 속에 들어 있는 사람이었다. 그들은 대개 세상에 등을 돌리고 있다. 추운 겨울에 세상과 작별 인사를 하고 방랑의 길을 떠난 겨울 나그네처럼.

슈베르트의 〈겨울 나그네〉는 뮐러라는 시인의 시에 곡을 붙인 연가곡이다. 뮐러는 젊은 시절 한 소녀를 사랑했는데, 그 사랑은 결실을 보지 못한 채 미완으로 끝나고 말았다. 뮐러는 이 아픈 사랑의 경험을 바탕으로 〈겨울 나그네〉

라는 연작시를 썼다. 〈겨울 나그네〉는 사랑에 실패한 한 남자의 방황을 그린 작품으로 이 작품을 통해 뮐러는 어둡고 절망적인, 아무런 희망도 구원도 없는 사랑을 노래했다.

이렇게 구원 없는 삶에 지쳐 버렸기 때문일까. 뮐러는 작품을 발표한 바로 그 해에 33살이라는 젊은 나이로 세상을 떠났다. 이후 슈베르트가 이 연작시를 가지고 연가곡을 썼다. 하지만 슈베르트 역시 연가곡을 작곡한 다음 해에 31살의 나이로 눈을 감았다. 프리드리히, 뮐러, 슈베르트 모두 고독과 가난, 허무로 점철된 겨울 같은 삶을 살다가 갔다.

〈겨울 나그네〉의 독일어 원제목인 'Winterreise'의 정확한 뜻은 '겨울 여행'이다. 그런데 내용을 보면 '여행'이라는 말보다는 방황 혹은 방랑이라는 말이 더 어울린다. 〈겨울 나그네〉뿐만 아니라 슈베르트의 작품에는 독일어로 '방황하다' 혹은 '방황하는 사람'을 뜻하는 wandern이나 wanderer라는 말이 많이 나온다. 〈겨울 나그네〉의 주인공도 방랑자인데, 그는 사실 슈베르트 자신이기도 하다.

슈베르트는 매서운 칼바람이 부는 황량한 겨울 벌판을 맨발로 걸어가는 나그네와 같은 존재였다. 그렇게 평생을 정처 없이 떠돌아다녔다. 그의 음악 전체를 관통하는 이른

바 '방랑자 의식'은 바로 여기에서 비롯되었다. 그의 대표작 〈겨울 나그네〉는 이런 방랑자 의식의 결정판이라 할 수 있다.

〈겨울 나그네〉는 "이방인으로 왔다가 이방인으로 가는 구나."라는 가사로 시작한다. 여기서 우리는 나그네가 이 세상 어디에도 발붙이지 못하는 영원한 에트랑제라는 것을 알 수 있다. 그래서일까. 그는 다른 계절도 아닌 추운 겨울 날, 그것도 낮이 아닌 밤에 사람들의 눈을 피해 마을을 빠져나온다. 그러다가 우물가에 서 있는 보리수 곁에서 잠시 추억에 젖는다.

〈겨울 나그네〉에 있는 대부분의 노래는 단조지만 〈보리수〉는 따뜻한 느낌의 장조로 시작한다. 여기서 피아노가 연주하는 셋잇단음표 음형은 나뭇잎이 흔들리는 모습을 그린 것이다. 언제나 풍성한 푸른 잎으로 그에게 시원한 나무 그늘을 만들어주던 보리수. 슬플 때나 기쁠 때나 찾아와 마음의 안식을 얻던 곳. 지금은 비록 처량한 방랑자 신세지만 보리수 그늘 밑에서 단꿈을 꾸던 시절에 대한 추억은 달콤하기만 하다.

성문 앞 우물 곁에 서 있는 보리수
한때 그 그늘 아래서 단꿈을 꾸었었지.

2장 위로와 안식이 필요한 날에는

가지에 사랑의 말 새기어 놓고,

기쁘나 슬플 때나 찾아온 나무 밑

하지만 행복한 추억이 깃든 보리수를 바라보는 것이 괴로워 나그네는 캄캄한 어둠 속에서 그냥 눈을 감아 버린다. 이렇게 괴로운 나그네의 심정을 대변하기 위해서일까. 음악이 장조에서 단조로 바뀐다. 그때 나그네는 보리수가 속삭이는 소리를 듣는다. 나뭇가지를 흔들며 다정한 목소리로 내게로 와서 안식을 찾으라고 말하는 소리다.

오늘 밤도 그 보리수 곁을 지나는구나

캄캄한 어둠 속에서 나는 눈을 감아 버렸다.

그때 나무 가지가 산들거리며 속삭이는 소리가 들렸다.

"친구여! 내게 와서 안식을 찾으렴."

그런데 바로 그때 갑자기 차디찬 바람이 불어와 그의 얼굴을 때린다. 그 바람에 쓰고 있던 모자가 날아가 버리지만 그는 발길을 돌리지 않는다.

찬바람이 세차게 불어와 얼굴을 매섭게 스치고

모자가 바람에 날려도 나는 꿈적도 하지 않았네.

　　나그네가 처한 차가운 현실을 일깨우는 이 대목에서 음악이 급변한다. 피아노가 매서운 바람처럼 맹렬하게 몰아친다. 그러다가 먼 곳으로 사라지듯 아련하게 끝난다. 여기서 긴 여운을 남기는 피아노 소리는 시간의 흐름을 암시한다.

　　나그네는 다시 노래를 시작한다. 이제 그는 시간적으로나 공간적으로 보리수가 있는 고향마을과 멀리 떨어진 곳에 있다. 그런데도 그의 귀에는 여전히 나뭇가지가 속삭이는 소리가 들린다.

　　그곳을 멀리 떠나온 지금도
　　내게는 그 소리가 들린다.
　　"친구여! 내게로 와서 안식을 찾으렴"

　　슈베르트에게 보리수는 누구였을까? 누가 이 외로운 영혼에게 위로의 말을 해 주었을까? 누가 시원한 그늘을 만들어 주고, 살아갈 힘을 주고, 아름다운 음악을 작곡할 영감을 주었을까? 바로 친구들이었다. 슈베르트는 '친구 없이는 못 사는 사람'이었다. 그가 남긴 일기나 편지를 보면 그가 얼마나 친구들에게 의지했는지를 잘 수 있다.

때는 바야흐로 낭만주의 시대. 슈베르트의 친구 중에는 당대에 한 '낭만'하는 시인, 화가, 철학자, 극작가, 학자들이 많았다. 말하자면 당대 최고의 젊은 지식인 그룹이었던 셈이다. 이렇게 시대를 앞서가는 젊은이들이었기에 누구보다 슈베르트의 음악을 깊이 이해하고, 그의 천재성에 아낌없는 찬사를 보냈다. 그리고 슈베르트 역시 이런 친구들이 있었기에 굳이 세상 사람들에게 인정받으려 노력하지 않았다. 그에게는 세상 사람들의 찬사보다 친구들의 찬사가 더 중요했다. 친구들의 인정만 받으면 만사가 오케이였다.

〈보리수〉를 들을 때마다 생각한다. 나에게는 기쁠 때나 슬플 때나 찾아가 쉴 수 있는 보리수 그늘 같은 친구가 있는지. 아무런 사심 없이 내 삶을 응원해 주는 친구, 곤경에 빠졌을 때 진심으로 위로의 말을 해 주는 친구, 끌어안고 마음껏 통곡해도 다 받아 주는 친구, 멀리 있어도 언제든지 오라고 손짓해 주는 친구. 나와 삶의 가치관을 공유하는 친구, 나의 진가를 진심으로 알아주는 친구 그리고 누구에게도 드러낼 수 없는 내 삶의 어두운 그늘과 상처까지도 모두 보듬어 주는 친구. 그런 친구가 과연 몇이나 되는지.

친구라면 죽고 못 사는 슈베르트도 인간관계의 근원적인 한계를 알고 있었다.

"이 세상 어느 누구도 타인의 슬픔을 이해할 수 없고, 이 세상 어느 누구도 타인의 기쁨을 이해할 수 없다. 우리는 상대에게 다가갈 수 있다고 믿고 있지만 실제로는 그저 그 옆을 스쳐 지나갈 뿐이다."

이런 슈베르트의 말을 생각을 하면 마음이 쓸쓸해진다. 하지만 그렇다고 절망하지는 않는다. 인간은 원래 고독한 존재니까. 누가 말했던가. 안 고독하면 바보라고.

그래도 음악이 있으니 얼마나 다행인가. 음악은 언제나 그 자리에 있다. 내가 삶에 지쳐 쓰러졌을 때, 사람에게 상처를 받았을 때, 막다른 골목에 이른 것 같은 절망에 빠졌을 때, 너무나 힘들어 삶의 끈을 놓고 싶을 때도 언제나 한결같은 마음으로 나를 위로해 준다. 성문 앞 우물 곁에 서 있는 보리수처럼 속삭이며 손짓한다.

"친구여! 내게로 와서 안식을 찾으렴."

G. 프리드리히 헨델 〈리날도〉 중 〈울게 하소서〉
G. Friedrich Handel 〈Lascia ch'io pianga〉 from 〈Rinaldo〉

울고 싶으면 울어야지

"그 배우 눈을 보니까 참 많이 운 눈이더라."

지금은 돌아가신 시어머니가 오랜만에 브라운관에 복귀한 한 여배우를 두고 하신 말씀이다. 그 말씀을 듣고 그 여배우의 눈을 보니 정말 그런 것 같았다. 금방이라도 눈물을 떨굴 것 같은 슬픈 눈이었다. 대중의 시야에서 사라졌던 그 긴 세월 동안 그녀에게 무슨 일이 있었던 것일까. 온갖 추측이 난무하지만 사실 우리는 모르는 일이다. 다만 그녀의 눈을 보고 그동안 그녀가 보냈던 시간이 만만치 않았을 것이라 짐작할 뿐이다. 참 많이 운 눈. 가슴이 짠했다.

사실은 나도 잘 운다. 특히 영화를 보면서 잘 우는 편이다. 꼭 잘된 영화만 보고 우는 것은 아니다. 사실 내가 우는 것은 그 영화의 예술적 완성도와는 별 상관이 없다. 몇 년 전인가. 내용이 아주 진부한 미국 영화를 본 적이 있었다. 참 못 만든 영화였다. 그래서 "무슨 감독인지 영화 참 못 만들었다." 이렇게 욕하면서 펑펑 울었다. 특히 주인공이 아들과 영영 헤어지는 마지막 장면에서는 도저히 눈물을 참을 수가 없었다. 아마도 나의 뇌 속에는 눈물샘을 자극하는 부위와 예술적 판단을 관장하는 부위가 서로 다른 곳에 위치해 있는 모양이다.

그런데 정말 영화가 슬퍼서 울었을까 생각해 보면 딱히 그런 건 아니었던 것 같다. 그때 뭔가 힘든 일이 있었고, 그래서 딱 울고 싶은 심정이었는데, 영화가 눈물샘을 건드리는 바람에 울음이 터져 나온 것이다. 이 말이 맞는 것이 내가 어떨 때는 정말 뜬금없는 장면에서 울기도 하기 때문이다. 보기에도 낯 뜨거운 19금 장면을 보면서도 여주인공을 따라서 울었던 기억이 난다.

살다 보면 억지로 눈물을 참아야 할 때가 많다. 눈물을 참는 것이 미덕이라는 통념 때문이기도 하고, 또 슬픈 일을 당했을 때 내가 눈물을 보이면 같은 일을 당한 다른 사람에게 슬픈 감정이 전염될지도 모른다는 생각에 속으로 눈물을 삼키기도 한다. 그렇게 참고 있다가 누군가 감정의 언저리를 툭 건드리면 그때 걷잡을 수 없이 울음이 터져 나온다.

우리 문화는 우는 것에 대해 참 부정적이라는 생각이 든다. 가장 잔인한 것이 "울면 안 돼. 울면 안 돼. 산타 할아버지는 우는 아이에게 선물을 안 주신대."라는 동요다. 운다고 선물을 안 주다니 우는 게 죄인가. 아이들한테 이건 너무 가혹한 형벌이 아닌가. 어디 그뿐인가. 부모나 선생이 아이를 혼내다가 아이가 울면 "뭘 잘했다고 울어?" 이렇게 혼내는데, 사실 이런 억지가 있을 수 없다. 잘했다고 생각해서 우는 게 절대 아니기 때문이다. 혼나니까 그냥 기분이 나빠서 아니면 억울해서 우는 건데 이런 식으로 확대 해석을 하면 곤란하지.

이보다 더 심한 말은 "울면 지는 거야."라는 말이다. 이 말 때문에 어려서 친구랑 말싸움하면서 울지 않으려고 얼마나 애썼는지 모른다. 그러다 친구의 억지 주장에 너무나 분해서 중간에 그만 울음을 터트린 적이 있다. 감정을 다스리지 못하는 바람에 논리적으로 충분히 이길 수 있는 싸움에서 패자가 된 것이다.

그런데 눈물에 대해 연구한 의사들의 말에 따르면 우는 것이 건강에 상당히 도움이 된다고 한다. 물론 그냥 울어서는 안 된다. 진심으로 감정을 담아서 '정직하게' 울어야 한다. 이때 울음의 강도는 셀수록 좋다. 찔끔찔끔 울지 말고 가슴 속에 있는 감정을 모두 '토하듯이' 꺼이꺼이 울어야 한다. 이렇게 우는 사람의 눈물에는 스트레스 호르몬인 카테콜아민이 다량 합류되어 있는데, 눈물을 통해 스트레스 호르몬을 배출해야 관상동맥협창증, 심근경색, 동맥경화(병명이 무시무시하네)와 같은 성인병을 예방할 수 있다고 한다.

한 가지 재미있는 것은 눈이 건조하거나 양파나 파의 자극 때문에 나오는 눈물에는 카테콜아민이 들어 있지 않다는 사실이다. 감정적으로 슬퍼서 나오는 눈물에만 이런 것이 들어 있다니 앞으로는 후진 신파 영화를 보더라도 더 열심히, 더 정직하게, 더 소리 높여 울어야겠다는 생각이 든다. 그러니 누가 우는 것을 보면 말리지 말고 "울어라! 울어!"라고 용기를 북돋워 주기 바란다. 물론 이보다 더 좋은 건 그냥 울게 내버려두는 것이지만.

그런데 클래식 음악에는 이렇게 우는 사람의 용기(?)를 북돋워 주는 노래가 있다. 베르디의 〈라 트라비아타〉에 나오는 알프레도의 아버지 제르몽은 비올레타가 알프레도와 헤어지기로 결심하고 눈물을 흘리자 "울어라! 울어! 불쌍한 것!"이라고 부채질을 하고, 〈리골레토〉의 주인공 레골레토 역시 딸 질다가 만토바 공작과 있었던 일을 얘기하며 눈물을 흘리자 "울어라! 울어!"라며 고사를 지낸다.

그런가 하면 자기를 울게 내버려두라고 간청하는 노래도 있다. 영국 작곡가 헨리 퍼셀의 극음악 〈요정 여왕〉에 나오는 티타니아의 아리아 〈오! 나를 울게 해 주오〉가 그런 노래다. 요정 여왕 티타니아가 요정의 왕 오베론의 사랑을 잃고 슬퍼하는 대목에서 부르는데, 가사는 간단하다. 자기를 영원히 슬픔 속에서 울게 해 달라는 것이다. 이 처연한 노래에는 오보에 독주가 들어간다. 애수를 띤 오보에 소리가 조용히 흘러내리는 눈물 같다.

이런 종류의 노래 중에서 가장 유명한 것은 헨델의 오페라 〈리날도〉에 나오는 〈울게 하소서〉이다. 십자군의 용사 리날도는 사라센의 왕 아르간테에게 빼앗긴 예루살렘을 되찾으려고 고군분투하고 있다. 그런데 그 와중에 아르간테의 정부 아르미다가 리날도의 연인 알미레나를 납치해 자신의 요술정원에 가둔다. 아르간테는 갇혀 있는 알미레나에게 사랑을 느낀다.

그러던 어느 날, 알미레나가 슬퍼하는 것을 보고 아르간테가 그녀를 위로한다. 두 사람 사이에 오간 대화는 대충 다음과 같다.

"슬퍼하는 그대 모습을 보니 내 가슴이 찢어질 것 같구려."

"사람 가두어 놓고 그게 할 소리예요?"

"그대를 사랑하오. 그대가 원한다면 무엇이든 하겠소. 내 심장이라도 꺼내서 보여 주리까?"

"아니, 뭐. 그렇게까지…"

"그럼 어찌해야 내 마음을 믿어 주겠소?"

"절 사랑한다면 풀어 주세요."

"아. 그건 안 되겠는데."

알미레나의 말에 아르간테는 비겁하게 정부 아르미다 핑계를 댄다. 이르미다가 알면 우리 둘 다 질투와 분노에 휩싸이게 될 거라며 풀어 주는 것은 곤란하다는 것이다. 그런데 이 와중에도 아르간테는 알미레나에게 사랑발림하는 것을 잊지 않는다.

"그럼에도 불구하고 내 마음이 찢어질 듯 아프구려."

이 말에 기가 막힌 알미레나.

"아! 됐고."

그럼 사랑한다느니 뭐니 이런 소리 하지 말고 자기를 그냥 울게 내버려두라고 한다. 그때 부르는 노래가 바로 〈울게 하소서〉이다.

내 잔혹한 운명을 한탄하며
나를 울게 내버려두세요.
자유를 갈망하며
한숨짓게 내버려두세요.
내 고통이 나를 불쌍히 여겨
이 형벌의 사슬을 끊어 주기를

오래전에 남편을 잃은 친구에게 이런 얘기를 들은 적이 있다. 남편이 세상을 떠난 후, 가족 모두가 애써 울음을 참고 있었다고 한다. 친구는 자기가 울면 자식들이 걱정할까 봐. 그리고 자식들은 자기들이 울면 엄마가 슬퍼할까 봐. 서로 눈치를 보면서 슬픈 감정을 억누르고 있었단다. 그러던 어느 날, 딸아이 방에서 울음소리가 나서 들어가 봤더니 딸이 숨죽여 울고 있더란다. 아빠가 너무 보고 싶다고. 내가 이렇게 보고 싶은데 엄마는 오죽하겠냐고. 그래서 엄마가 불쌍하고, 이런 엄마를 두고 간 아빠도 불쌍하고, 평생 아빠를 보지 못하고 살 자기도 불쌍하고, 언니도 불쌍하다고. 그 말에 친구도 울음이 터졌단다. 그래서 남은 식구들이 서로를 부둥켜안고 목 놓아 울었다고. 그 말을 듣고 이 가족에게 통곡은 죽음을 받아들이는 데 필요한 일종의 통과의례였는지도 모른다는 생각을 했다.

살다 보면 뜻하지 않게 힘든 일을 겪을 때가 있다. 이럴 때는 눈물을 참지 말고 그냥 우는 것은 어떨지. 정직하게, 진심을 다해 흘리는 내 서러운 눈물이 내 상처를 치유해 줄지도 모르니까.

세르게이 라흐마니노프 〈파가니니 주제에 의한 랩소디〉 제18변주
Sergei Rachmaninoff 〈Rhapsody on a Theme of Paganini〉 18th Variation

아름다운 시절, 그 바닷가로의 시간 여행

"남자들이 여자한테 작업 걸기 딱 좋은 곳이네."

영국 웨일스에 있는 포트메리온을 처음 본 남편의 첫 마디가 이랬다. 포트메리온은 건축가 클러프 윌리엄스-엘리스가 1925년부터 50년에 걸쳐 조성한 이탈리아 스타일의 마을이다. 건물들이 동화 속 요정의 집처럼 아기자기하고 예뻐서 해마다 많은 관광객이 찾고 있다. 여성들에게 인기가 많은데, 나도 시큰둥한 남편은 저만치 버려두고 혼자 돌아다니며 사진을 많이 찍었다.

우리나라 사람들에게 포트메리온은 도자기 회사로 더잘 알려져 있다. 지금도 그릇 가게에 가면 포트메리온 제품을 많이 볼 수 있다. 요즘은 한물갔지만 한때 우리나라 주부들 사이에서 포트메리온 그릇 세트를 장만하는 것이 유행인 적이 있었다. 그때는 좀 산다는 집에 가면 특유의 초록 잎 테두리를 두른 포트메리온 그릇들이 보란 듯이 장식장을 차지하고 있었다.

포트메리온이라는 이름의 원조는 웨일스에 있는 포트메리온 마을이다. 1960년에 이 마을을 디자인한 건축가 클러프 윌리엄스-엘리스의 딸 수잔 윌리엄스-엘리스가 도자기 회사를 세웠는데, 그때 아버지가 디자인한 마을의 이름을 따서 회사 이름을 포트메리온이라고 지었다고 한다. 그래서인지 기념품 가게에 포트메리온 제품이 수두룩했다. 여기도 포트메리온, 저기도 포트메리온. 아주 가게 안이 '초록 초록'했다.

포트메리온 앞에는 해변이 있다. 하얀 모래가 끝도 없이 펼쳐져 있는 해변을 걸으며 "여기서 영화 찍으면 좋겠다."고 말했다. 그러자 남편은 "영화에 보면 남자가 모래 위에 '사랑해'라고 쓰고, 그 옆에 하트를 그리기도 하잖아."라며 갑자기 모래 위에 하트를 그리기 시작했다. 그 모습을 장난스러운 표정으로 바라보다가 하트를 관통하는 화살까지 그려 넣는 걸 보는 순간 웃음이 터져 나왔다. 얼마나 웃었는지 카메라가 흔들려서 사진을 제대로 찍지 못할 정도였다. 이런 구닥다리 감성이라니. 그나마 '사랑해'라고 안 쓴 것이 얼마나 다행이야.

포트메리온의 해변은 영화를 찍기 딱 좋은 곳이었다. 로맨틱 영화를 보면 사랑하는 남녀가 바닷가를 걷는 장면이 꼭 나온다. 그냥 걷기만 하는 것이 아니라 뛰기도 하는데, 그때는 둘이 나란히 뛰는 것이 아니라 대개 여자가 앞에서 뛰고, 남자는 뒤에서 뛴다. 다리의 길이로 보나 힘으로 보나 남자가 충분히 여자를 따라잡을 수 있지만 어찌 된 일인지 영화에서는 두 남녀가 일정한 간격을 유지하며 뛴다. 그렇게 뛰다가 앞서가던 여자가 갑자기 넘어진다. 넘어져야 할 필연적 이유가 하나도 없는데 말이다. 그러면 남자도 같이 넘어진다. 그렇게 넘어지면서 두 사람의 몸이 겹쳐지게 된다. 남자가 눈을 게슴츠레 뜨고 여자를 바라본다. 올 것이 왔구나. 이렇게 생각한 여자가 눈을 감는다. 남녀의 입술이 점점 가까워진다.

바로 이 순간 음악이 나온다. 로맨틱한 장면에 어울리는 로맨틱한 음악이다. 영화 음악을 담당하는 사람들은 이런 장면에 세상에 로맨틱한 멜로디란 멜로디는 다 가져다

쓴다. 클래식 음악 중에도 이들이 즐겨 쓰는 음악이 있다. 라흐마니노프의 〈파가니니 주제에 의한 랩소디〉의 제18변주이다. 이 곡은 로맨티시즘의 극치를 보여준다. 그냥 듣기만 해도 영화 장면이 떠오를 정도다.

실제 연주회장에서 〈파가니니 주제에 의한 랩소디〉에서 제18변주가 던져 주는 정서적 효과는 압권이다. 시종일관 경쾌하고 발랄하게 흘러가던 음악이 제18변주에 이르러 돌연 템포가 느려진다. 그리고 피아노가 조용히 이루 말할 수 없이 멜랑콜리한 멜로디를 연주하기 시작한다. 그 순간 가슴 속으로 파도가 밀려오는 듯한 느낌을 받는다. 몸이 어느새 연주회장을 벗어나 로맨틱 영화의 한 공간으로 이동하는 유체 이탈을 경험한다. 달콤하게 꿈꾸던 피아노 멜로디가 어느덧 오케스트라로 옮겨가면서 음악이 거대한 파도로 변한다. 이와 함께 내 마음도 거대한 격정에 휩싸이게 된다.

이 곡을 주제음악으로 쓴 영화 중에 1980년에 상영한 〈사랑의 은하수〉라는 영화가 있다. 극작가 지망생인 리처드 콜리어는 자신이 각본을 쓴 연극이 대학공연에서 큰 호평을 받았을 뿐만 아니라 브로드웨이에서도 관심을 보인다는 말을 듣고 기뻐한다. 그는 동기들과 함께 공연이 성공적으로 끝난 것을 축하하는 자리를 갖는데, 이때 생전 처음 보는 노부인이 다가와 그의 손을 잡는다. 어리둥절해하는 리처드에게 노부인은 "나에게 돌아와 줘."라는 의미심장한 말을 하면서 작은 회중시계를 손에 쥐어 주고 돌아간다.

그로부터 8년이 지난 어느 날, 리처드는 자기에게 시계를 주고 떠났던 노부인이 20세기 초에 활동한 배우 앨리스 맥케나였다는 사실을 알게 된다. 더욱 놀라운 건 그녀가 한창 이름을 날리던 1912년에 그와 뜨거운 사랑을 나눈 연인 사이였다는 것이다. 어떻게 그런 시공을 초월한 사랑이 가능할까 궁금해진 리처드는 과거로 시간 여행을 떠나기로 한다.

그는 앨리스와 사랑을 나누던 1912년으로 돌아가기 위해 자기 최면을 건다. 방의 가구는 물론 옷차림, 머리 모양, 주머니에 있는 동전까지도 모두 그 시대의 것으로 바꾼 다음 집요하게 자기가 1912년에 있다는 말을 되풀이한다. 이런 각고의 노력 끝에 리처드는 드디어 1912년으로 돌아가는 데 성공한다. 과거로 돌아간 리처드는 앨리스를 만나 사랑에 빠진다. 앨리스의 매니저인 윌리엄이 두 사람 사이를 방해하지만 아랑곳하지 않고 불같은 사랑에 빠져든다.

그런데 어느 한순간, 리처드가 주머니에 들어 있는 현재 시대의 동전을 꺼내는 바람에 시간 여행이 멈추고 만다. 현재로 돌아오면서 앨리스와 헤어진 리처드는 결사적으로 과거로 돌아가려고 하지만 실패한다. 리처드는 이별의 아픔에 고통스러워하다가 결국 죽음을 맞는다. 그리고 이승이 아닌 또 다른 세상에서 앨리스와 만나 영원한 사랑을 나눈다.

〈사랑의 은하수〉는 전형적인 멜로 영화다. 시공을 초월한 절절한 사랑 이야기인데, 여기서 이야기 줄거리만큼이나 영화의 로맨틱 무드를 살려주는 것이 바로 라흐마니노프의 〈파가니니 주제에 의한 랩소디〉 중 제18변주다. 앨리스는 리처드에게 회중시계를 주고 돌아온 후 방에 혼자 들어가 그가 쓴 연극 대본을 가슴에 안고 흐느끼면서 이 곡을 듣는다. 그녀에게 처음 이 곡을 소개해 준 사람이 바로 리처드였다. 그래서 앨리스는 이 곡을 들을 때마다 리처드와 함께했던 아름다운 시간을 떠올리곤 한다.

어떤 음악을 듣거나 그림을 보거나 냄새를 맡을 때마다 특정한 기억이나 장면이 떠오르는 경우가 있다. 예를 들어 거리를 지나다 카페에서 흘러나오는 커피 향을 맡으면 예전에 유럽을 여행하던 중 카페가 즐비한 파리의 거리를 걸었던 기억이 떠오르는 식이다. 그렇게 우리의 기억은 특정한 감각과 연결되어 있다.

라흐마니노프의 랩소디는 나에게 '그 바닷가' 같은 곡이다. 음악처럼 그 시절 그 바닷가에는 달콤한 서정과 낭만이 있었고, 몰아치는 열정이 있었다. 그때 우리는 참 유치했었지. 원래 사랑에 눈이 멀면 별 유치한 짓을 다 하는 법이다. 일정한 간격을 두고 뛰거나 괜히 넘어지거나 눈을 게슴츠레 뜨지는 않았지만 이에 못지않게 유치한 짓은 다 했었다.

지금도 그때를 생각하면 손발이 오그라든다. 그런데도 나는 그 바닷가가 그립다. 세상에 태어나서 그토록 순수하게 기쁘고 행복한 때가 있었던가. 앞으로 장밋빛 인생이 펼쳐질 것이라고 굳게 믿던 시절, 사랑의 힘으로 어떤 가시밭길도 헤쳐 나갈 수 있다고 자신하던 시절. 그 세상 물정 모르던 시절의 무모함이 지금 나는 그립다.

지나간 시절의 '그 바닷가'는 늘 아름다운 법이다. 세월이 그 시간들을 아름다운 빛깔로 윤색해 주기 때문이다. 그러니 사는 것이 지치고 힘들 때, 기억 속의 그 바닷가를 꺼내 보기 바란다. 라흐마니노프의 랩소디를 들으며 그 시절의 달콤한 꿈과 격정에 몸을 맡기는 것만으로도 카타르시

스가 될 것이다. 그런 다음 옷매무새를 가다듬는 피아노의
마지막 울림처럼 체념하듯 조용히 감정을 마무리하는 것은
어떨지.

루드비히 반 베토벤 〈로망스 제2번〉
Ludwig van Beethoven 〈Romance no.2〉

세상의 모든 로망스는 아름답다

'베토벤' 하면 근엄한 표정을 짓고 있는 그의 초상화가 먼저 떠오른다. 사실 말이 좋아 근엄한 표정이지 솔직하게 얘기하면 인상을 쓰고 있다는 것이 더 정확한 표현일 것이다. 그런데 인상만큼이나 성격도 괴팍했다고 한다. 그를 처음 본 제자 체르니가 인상이 너무 무서워서 울음을 터트릴 정도였으니까.

　　그런데 여기에는 나름대로 이유가 있었다. 훗날 밝혀진 바에 따르면 베토벤은 심한 납중독이었다고 한다. 이것이 청력에 손상을 일으켰고, 성격에도 변화를 가져왔을 가능성이 크다. 사람들은 그가 적대적이고 고집이 세며 차갑다고 비난했지만 음악가로서 가장 완벽해야 할 감각을 잃어가는 사람의 절망을 이해하지는 못했다.

베토벤이 스스로 세상을 등지기로 하고 쓴 〈하일리겐 슈타트의 유서〉에는 젊었을 때 자기 가슴이 따뜻한 선의로 가득 차 있었고, 누구보다 정열과 활기에 찬 사람들과 어울리기를 좋아했다는 구절이 있다. 베토벤의 가슴이 따뜻한 선의로 가득 차 있었고, 활기찬 사람과 어울리기 좋아했다고? 그렇게 고뇌에 찬 표정으로 심각한 음악을 작곡한 사람이? 이런 의문을 가질 수도 있을 것이다. 하지만 청각을 잃기 전에 작곡한 그의 곡들을 들어보면 그 말이 이해가 된다. 음악이 정말로 따뜻하고 사랑스럽다.

그 대표적인 곡이 베토벤이 28살 때 작곡한 〈로망스〉이다. '로망스'라니. 제목부터가 말랑말랑하지 않은가. 〈로망스〉는 악곡의 형식은 아니다. 옛날에는 서정적이고 로맨틱한 노래를 지칭하는 말로 쓰였다. 그러다가 나중에는 비슷한 성격을 가진 기악곡에도 '로망스'라는 이름이 붙게 되었다. 대표적인 〈로망스〉로는 베토벤의 〈로망스〉와 함께 모차르트의 〈피아노 협주곡〉 20번의 2악장, 쇼팽 〈피아노 협주곡〉 1번의 2악장이 있다. 이 음악들을 들어보면 멜로디가 그렇게 아름다울 수가 없다. 정말 눈물 나게 아름답다. 그리하여 결국 이런 결론을 내린다. 세상의 모든 로망스는 아름답다.

베토벤의 〈로망스〉를 들으면 젊은 시절의 베토벤이 떠오른다. 그 자신의 말대로 가슴이 따뜻한 선의로 가득 차 있고, 정열과 활기에 찬 사람들과 어울리기를 좋아했던 청년 베토벤. 이 곡을 작곡할 무렵 베토벤에게는 풋사과 같은 첫사랑의 기억이 있었다. 그의 나이 19살 때 시작된 엘레오노레라는 소녀와의 첫사랑. 비록 이루어지지 못했지만 그의 마음에는 여전히 아름다운 사랑에 대한 로망이 남아 있었다. 그래서 그런지 청년 베토벤이 작곡한 로망스는 사랑스러운 선율로 가득 차 있다. 듣고 있으면 절로 미소가 떠오를 정도다.

그로부터 몇 년 후, 베토벤은 새로운 사랑을 시작했다. 상대는 피아노 제자인 줄리에타로 당시 나이는 17살이었다. 청력에 문제가 생겨 마음고생을 하고 있던 베토벤은 줄리에타를 만나 한동안 행복한 결혼의 꿈을 꾸었다.

"요즘 처음으로 어쩌면 결혼이 행복을 가져다줄 수도 있을 거라는 생각을 하고 있다네. 하지만 불행하게도 그녀는 나와 신분이 달라서 쉽게 결혼을 할 수 있을 것 같지 않네. 하지만 이 고난을 용감하게 헤쳐 나가야겠지."

베토벤이 친구에게 쓴 편지 중 일부다. 그런데 베토벤이 염려한 대로 그는 줄리에타와 결혼하지 못했다. 줄리에타만이 아니었다. 베토벤은 일평생 수없이 많은 귀족 여성들과 교류했다. 이들에게 바친 작품만 해도 한 다스가 넘을 정도다. 엘레오노레 〈피가로의 결혼 주제에 의한 변주곡〉, 줄리에타 〈월광 소나타〉, 요제피네 〈안단테 파보리〉, 테레제 〈엘리제를 위하여〉, 안토니 〈디아벨리 변주곡〉 에르되디 백작 부인 〈피아노 3중주 '유령'〉 등 주옥같은 작품을 바쳤지만 끝내 결혼에 성공하지는 못했다.

여기에는 여러 이유가 있겠지만 가장 큰 이유는 역시 신분의 차이였다. 우리가 존경해마지 않는 악성 베토벤도 봉건시대에 굳건한 신분제의 벽을 넘지는 못했다. 그 생각만 하면 가슴이 아프다. 사는 동안 누군가를 열정적으로 사랑했지만 단 하나의 사랑도 결실을 보지 못했으니 말이다. 베토벤이 죽은 후에 발견된 편지에는 이루어질 수 없는 사랑을 향한 간절한 마음이 절절하게 녹아 있다.

"나의 천사이자 나의 전부이며 나의 분신인 그대. (중략) 우리가 다시 만날 수 있다면 이런 고통이 없을 텐데. 시간이 너무 더딘 것 같소. 당신을 만나야만 하오. 당신이 날 사랑하는 것보다 나는 당신을 더 사랑하오."

_베토벤의 연서 중

누구에게 보내는 편지였을까. 아무도 모른다. 베토벤은 이 편지를 '불멸의 연인'에게 보낸다고만 했다. 그래서 많은 사람이 베토벤의 여인 중에서 불멸의 연인이 누구였을까 열심히 추측하고 있지만 그게 무슨 소용이랴. 어차피 이루어지지 않은 사랑인데.

사랑은 현실일 때보다 환상일 때가 더 아름다운 법이다. 〈로망스〉를 작곡할 당시의 베토벤이 그랬다. 베토벤은 어떤 특정한 여인을 염두에 두고 이 곡을 쓰지는 않았다. 첫사랑의 풋풋한 기억만 가지고 미래에 만나게 될 불특정 여인에 대한 막연한 로망을 그린 것이다. 그는 앞으로 펼쳐질 험난한 가시밭길을 예상이나 했을까.

"아무것도 모를 때가 좋았어."

살다 보면 종종 이런 말을 할 때가 있다. 그때는 로망스처럼 사랑이 달콤하기만 한 줄 알았다. 그러나 사랑의 쓴

맛 단맛을 다 보고 난 후, 나는 사랑이 마냥 달콤하지만은 않다는 것, 사랑에는 무한한 인내와 고통이 따른다는 것을 알게 되었다. 그 덕분에 인간적으로 성숙해졌고, 세상과 사람을 보는 시야도 넓어졌다.

하지만 그럼에도 불구하고 나는 그 '아무것도 모르던' 시절이 그립다. 그 시절을 떠올리는 것만으로 위안이 된다. 미지의 사랑에 대한 기대와 설렘으로 가득 찼던 그 시절을 생각하면 미소가 절로 나온다. 나에게도 그렇게 순수한 철부지 시절이 있었지. 다시 그 시절로 돌아가고 싶지는 않지만 미지의 사랑에 대한 로망이 있었던 그 시절의 행복만은 언제까지나 기억하고 싶다. 그래서 지금도 가끔 기억의 창고에서 베토벤의 〈로망스〉처럼 아름다운 기억을 꺼내 보곤 한다.

오래전에 국내 한 오케스트라의 정기연주회에 간 적이 있다. 레퍼토리는 다소 난해하고 아카데믹한 현대음악이었다. 그날 개인적으로 머리 아픈 일이 있어 스트레스가 최고조로 달한 상태에서 음악회에 갔다. 그런데 하필 레퍼토리가 현대음악이어서 좀 실망스러웠다. 현대음악은 논리를 따져가면서 듣는 음악이다. 연주회에 가서 음악을 듣고 정서적으로 쉬고 싶었는데, 가슴이 아닌 머리로 들어야 하는 음악을 들으려니 버거웠다.

드디어 연주회가 모두 끝났다. 지휘자가 객석을 향해 인사를 하자 정해진 식순(?)에 따라 여기저기서 앙코르를 청하는 소리가 들렸다. 오케스트라 연주회에서 앙코르는 대개 오케스트라 곡으로 한다. 그런데 그날은 달랐다. 바이올리니스트 출신인 지휘자가 악장의 바이올린을 빌리더니 앙코르곡으로 베토벤의 〈로망스 2번〉을 연주하는 것이 아닌가. 현대음악 연주회에서 베토벤의 〈로망스〉를 듣게 될 줄은 꿈에도 몰랐다. 그 서프라이즈 음악 선물이 그렇게 신선할 수가 없었다. 메마른 사막에서 단비를 맞은 기분이라고나 할까. 바이올린이 연주하는 아름다운 멜로디를 들으면서 낮 동안 쌓인 스트레스가 싹 풀리는 기분이었다.

다른 관객들도 나와 같은 느낌이었던 것 같다. 음악회가 끝나고 홀을 빠져나오는데 누군가 이렇게 말하는 소리가 들렸다.

"와! 앙코르곡 하나로 본 공연을 완전히 압도해 버리네."

프레데리크 쇼팽 〈야상곡 C# 단조〉
Frederic Chopin 〈Nocturne C# minor〉

절망의 끝에서 만난 희망

나는 그동안 살면서 생과 사를 가르는 극한의 상황에 빠져
본 적이 없다. 그런데도 가끔 영화에서 그런 장면을 보면
마치 내가 그 일을 당한 것처럼 심장이 오그라드는 느낌이
들곤 한다. 폴란스키 감독의 영화 〈피아니스트〉를 보면서
도 그랬다. 〈피아니스트〉는 블라디슬로프 스필만이라는 유
태인 피아니스트가 나치 치하의 폴란드에서 실제로 겪었던
일을 바탕으로 만든 영화이다.

　　스필만은 가족과 함께 수용소로 가는 도중 혼자 탈출
에 성공했다. 그리고 오랜 기간 폭격으로 무너진 폐허에 숨
어 살았다. 그동안 먹을 것은 빈집을 뒤져서 해결했다. 그

러던 어느 날, 어떤 집에 들어갔다가 주방에서 통조림과 자루 그리고 상자 몇 개가 있는 것을 발견했다. 그는 안에 먹을 것이 들어 있는지 보려고 일일이 끈을 풀고 뚜껑을 열어 내용물을 확인했다. 그 일에 너무 열중한 나머지 누가 다가오는지도 몰랐다. 그런데 그때 갑자기 사람의 목소리가 들렸다.

"여기서 뭐하는 거요?"

놀라서 뒤를 돌아보니 독일군 장교가 서 있는 것이 아닌가. 그 순간 스필만은 심장이 멎는 것 같았다. 자기 자신을 방어하고 보호할 아무런 도구나 장치도 없이 갑자기 맞닥뜨린 상황에서 그가 할 수 있는 일은 아무것도 없었다. 그는 모든 걸 포기하기로 마음먹었다. 독일군 장교로부터 도저히 도망갈 수 없다는 것을 본능적으로 직감하고 있었기 때문이다.

그는 의자에 털썩 주저앉았다. 그동안 도피 생활을 하느라 너무나 진이 빠져 있는 상태였기 때문에 도망갈 힘조차 남아 있지 않았다. 신음 소리를 내면서 장교를 멍하니 쳐다보다가 더듬거리며 간신히 말했다.

"당신 마음대로 하시오. 도망가지 않을 테니까."

하지만 독일군 장교는 어깨를 으쓱하며 그를 체포할

생각이 없다고 했다. 그리고는 그의 직업을 물었다. 스필만이 피아니스트라고 하자 독일군 장교가 잠시 생각하더니 그를 피아노가 있는 방으로 데려갔다. 그리고 그에게 한 곡쳐 보라고 했다. 그는 망설이다 피아노 앞에 앉았다. 스필만의 자서전에는 당시의 상황을 이렇게 묘사하고 있다.

"나는 쇼팽의 〈야상곡 c# 단조〉를 쳤다. 제대로 조율도 안된 피아노 줄의 탁한 울림이 텅 빈 집과 계단을 지나 길 건너편에 있는 빌라의 폐허에 부딪혀 맥 빠지고 우울한 메아리가 되어 돌아왔다. 연주를 끝내자 그 침묵은 전보다 한층 더 음울하고 괴괴했다. 거리 어딘가에서 고양이 울음소리가 들려왔다. 건물 밖에서 총성과 함께 사납게 짖어대는 독일군의 목소리가 들렸다."

_블라디슬로프 스필만, 《피아니스트》, 김훈, 황금가지(2002)

피아노의 탁한 울림, 맥 빠지고 우울한 메아리, 음울하고 괴괴한 침묵, 어디선가 들리는 고양이 울음소리, 총성 그리고 독일군이 사납게 짖어대는 소리. 소설의 한 대목 같지 않은가.

스필만의 자서전을 읽으며 나는 그가 음악뿐만 아니라

문학에도 뛰어난 재능이 있는 사람이라고 생각했다. 그는 자신이 겪었던 일을 진솔한 언어로 표현할 줄 아는 사람이었다. 그래서 감동적이었다. 문장력이 화려해서 그런 것이 아니다. 그의 문장은 오히려 지나치다 싶을 정도로 담담하고 객관적이었다. 아무리 비극적인 상황을 묘사할 때도 그는 결코 신파로 흐르는 일이 없었다. 나치로부터 그토록 심한 고통을 당하고서도 끝내 독일인에 대한 증오심을 직접적으로 드러내지 않았다. 그저 아주 치밀하고 진지하게 자신이 겪었던 일을 사실적으로 기록하고 있을 뿐이다.

스필만은 운이 좋았다. 그가 만난 독일군 장교가 다행히도 휴머니스트였기 때문이다. 그는 독일군이 저지른 만행을 부끄러워하는 사람이었다. 스필만이 독일인이냐고 묻자 마치 모욕을 당한 것처럼 "그래요. 그리고 이제까지 일어난 모든 일 때문에 독일인이라는 것을 수치스러워하고 있어요."라고 대답했다고 한다.

어쩌면 그는 음악을 좋아하는 사람이었는지도 모른다. 스필만이 피아니스트였다고 하자 그를 피아노가 있는 방으로 안내해 한번 쳐 보기를 권했으니까. 하지만 피아노 앞에 앉은 스필만의 뇌리에는 만감이 교차했을 것이다. 어쩌면 이것이 생의 마지막 연주가 될지도 모른다. 죽기 전에 한

번만 운다는 백조처럼 이제 내가 연주할 음악이 나의 백조의 노래가 되는 것은 아닐까. 그 짧은 순간이 이런 생각을 했을 것이다.

목숨을 부지하기 위해서라도 그는 독일군 장교의 말을 들어야 했다. 그래서 혼신의 힘을 기울여 피아노를 치기 시작했다. 이때 그가 친 곡이 쇼팽의 〈야상곡 C#단조〉이다. 바르샤바가 독일군의 폭격을 받았을 때 그가 방송국에서 치던 바로 그 곡이다. 본래 쇼팽의 〈야상곡〉은 달콤한 곡이다. 서정적이고 로맨틱한 멜로디가 밤에 듣기에 딱 좋아서 '야상곡'이라는 이름이 붙었다. 하지만 이때 스필만의 손끝에서 흘러나오는 〈야상곡〉은 로맨틱하지도, 달콤하지도 않았다. 먼지가 쌓인 조율 안 된 피아노와 배고픔과 추위에 굳어버린 손가락, 삶과 죽음의 경계를 넘나드는 공포 속에서 로맨틱해야 할 쇼팽의 〈야상곡〉은 우울한 메아리가 되어 돌아왔다.

독일군 장교가 눈감아 준 덕분에 스필만은 폐허 속에서 살아남을 수 있었다. 독일군이 물러가고 자유의 몸이 되었을 때, 스필만은 한 친구로부터 자신을 구해준 독일군 장교의 소식을 듣게 되었다. 소련군의 포로수용소에 수감되어 있는데, 스필만의 이름을 대며 도움을 요청했다는 것이다. 하지만 스필만은 그 독일군 장교를 돕는 데 실패했다. 백방으로 수소문한 끝에 그가 소련의 한 포로수용소에 수감되어 있다는 것을 알았으나 여러 정치적인 상황 때문에 그를 구해내는 데는 실패한 것이다.

스필만을 구해 준 '착한 독일인'으로 영원히 기억될 그 독일군 장교의 이름은 빌름 호젠펠트였다. 스필만의 자서전에 실려 있는 사진을 보니 수려한 용모를 가진 미남이다. 하지만 운명의 여신은 이 착한 사마리아 사람에게 끝내 미소를 보내지 않았다. 빌름 호젠펠트는 그로부터 몇 년 후, 소련의 한 포로수용소에서 비참하게 생을 마감했다고 한다.

전쟁이 끝난 후, 스필만은 폴란드 국영 방송국에서 피아노를 연주하는 일을 다시 시작했다. 학살을 피해 운 좋게 살아남았지만 사랑하는 가족은 그의 곁에 없었다. 그는 수용소행 열차를 타던 아버지가 먼발치에서 눈짓으로 자기에게 마지막 인사를 했던 장면을 잊지 못했다. 그 가슴 아픈 기억을 평생 안고 살았다. 그러다가 2000년, 89세를 일기로 세상을 떠났다.

지난 1997년, 스필만은 자신의 집에서 독일군 장교 앞에서 연주했던 쇼팽의 〈야상곡 C#단조〉를 다시 연주했다. 피아노를 연주하는 스필만의 얼굴을 보니 가슴에 이루 말할 수 없는 감정이 밀려온다.

영화의 한 장면 같던 52년 전 그날, 공포와 절망 속에서 쇼팽의 야상곡을 연주하던 30대의 청년은 세월이 흘러 어느덧 80대의 노인이 되었다. 이제 그 노인이 세월의 간극을 뛰어넘어 그날 연주했던 쇼팽의 야상곡을 다시 연주한다. 을씨년스런 폐허가 아닌 자신의 편안한 집에서. 그럼에도 불구하고 나는 노인의 연주에서 52년 전 그날 "폐허의 벽에 부딪혀" 공허한 메아리로 돌아왔던 둔탁하고 건조한 피아노 소리를 듣는다.

연주를 끝낸 스필만이 만감이 교차하는 눈빛으로 조용히 허공을 응시한다. 그 눈빛에서 살아남은 자의 고독과 회한이 읽힌다. 한 인간이 세상을 살면서 겪을 수 있는 고통의 총량을 수치화한다면 스필만이 당한 고통은 그중에서도 최대치에 속하지 않을까? 그럼에도 불구하고 그가 살아남은 것에는 분명 어떤 의미가 있을 것이다. 그것은 세상에 완전한 절망은 없다는 것. 어떤 극한 상황에서도 한 줄기 희망은 있다는 것이 아닐까.

3장

자유로움이 나에게 주는 것들

W. A. 모차르트 〈피아노 협주곡 제20번〉
W. A. Mozart 〈Piano concerto no.20〉

중년의 모차르트는 어떤 모습일까?

음악 하는 사람에게 있어서 모차르트는 일생의 화두다. 흔히 '모차르트로 시작해 모차르트로 끝난다'는 말이 있는데, 음악을 업으로 삼고 사는 사람들은 누구나 이 말에 동의할 것이다. 도대체 이 작곡가를 어떻게 설명할 수 있을까? 모차르트의 천재성은 그가 아주 어린 나이에 교향곡이나 오페라를 작곡했다는 식의 신동 신화로 설명될 수 있는 것이 아니다. 그는 신동 이상의 의미를 지닌 작곡가다. 사실 왜 그를 천재라고 생각하느냐고 질문하면 얼핏 대답할 말이 떠오르지 않는다. 다만 "오! 모차르트, 모차르트여!"라고 외쳤던 슈베르트의 절규가 떠오를 뿐이다. 모차르트의 음악을 들을 때마다 나도 속으로 외친다. "오! 모차르트, 불멸의 모차르트여!"라고.

　모차르트의 곡 중에서 내가 가장 좋아하는 곡은 〈피아노 협주곡 제20번〉이다. 이 곡을 들을 때마다 '천재는 시대마저도 초극하는구나'라는 생각을 하곤 한다. 모차르트는 분명 고전주의 시대에 속하는 작곡가다. 하지만 그는 이 작품을 통해 이미 자기 시대를 뛰어넘어 앞으로 다가올 낭만주의를 예고하고 있었다. 음악이 여전히 귀족들을 위한 가벼운 여흥거리로만 여겨지고 있던 시대에 모차르트는 특유의 천재성으로 낭만주의에 버금가는 내면의 열정을 쏟아낸 것이다.

　모차르트는 모두 27개의 피아노 협주곡을 작곡했는데, 이 중에서 가장 음악적으로 높은 평가를 받고 있는 것이 바로 20번이다. 특히 베토벤은 이 곡을 너무나 좋아한 나머지 자기가 직접 카덴차를 쓰기도 했고, 브람스 역시 이 곡을 즐겨 연주했다고 한다. 모차르트의 피아노 협주곡으로는 드물게 단조로 작곡된 이 곡은 전체적인 분위기가 어둡고 드라마틱하다. 당시만 해도 '피아노 협주곡' 하면 밝고 경쾌하고 가벼운 것이라는 인식이 지배적이었는데, 모차르트는 이 곡에서 이런 고정관념을 완전히 뛰어넘었다.

그런가 하면 이 곡은 스케일 면에서도 고전 협주곡의 범주를 훌쩍 뛰어넘고 있다. 오케스트라가 1악장 도입부를 연주하는 것을 듣고 있으면, 마치 교향곡을 듣는 것 같은 느낌이 든다. 관현악 파트가 피아노에 종속된 것이 아니라 완전히 하나의 독립체로 피아노와 대등한 입장에서 음악을 주고받는데, 이것이 후대의 작곡가들이 피아노 협주곡을 작곡하는 데에 커다란 영향을 미쳤다. 특히 이 작품을 좋아했던 베토벤은 이 곡에서 모차르트가 추구했던 것을 자신의 피아노 협주곡 속에서 더욱 발전시켰다.

나는 개인적으로 이 곡의 1악장을 좋아한다. 모차르트의 작품 중에서 아마 가장 좋아하는 것이라고 할 수 있을 것이다. 특히 도입부의 꿈틀거리는 동기가 점점 부풀어 오르며 상승하다가 폭발하는 과정이 인상적이다. 그렇게 촐랑대는 모차르트의 내면에 이런 열정이 숨어 있었다니. 그러면서도 그는 특유의 균형과 절제를 잃지 않고 있다. 그래서 이 음악이 발산하는 비장미는 낭만주의 작곡가의 그것에 비해 훨씬 고급스럽다. 모차르트가 달리 천재인가. 바로 이런 면이 모차르트를 진정한 의미의 천재로 만드는 것이다.

이어지는 2악장은 가장 완벽한 형태의 아름다움을 보여주는 악장이다. 〈로망스〉라는 부제가 붙어 있는데, 한없이 늘어지거나 우울한 낭만주의의 로망스와는 달리 모차르트의 로망스는 듣는 사람의 얼굴에 따스한 미소를 떠올리게 한다. 천사의 천진난만한 미소, 연인의 얼굴을 바라보는 사랑스러운 눈길, 아기의 머리칼을 쓰다듬는 어머니의 부드러운 손길같이 사랑스럽고 아름다운 멜로디다.

이 악장을 듣고 있으면 몇 개 안 되는 음으로 이루어진 그토록 단순한 악상으로 어떻게 이렇게 순수한 아름다움을 구현할 수 있는지 놀라울 따름이다. 그러고 보면 음악에 반드시 그렇게 많고 복잡한 음들이 필요한 것은 아닌 것 같다. 진정한 아름다움은 순도 높은 음만을 뽑아내는 절제에서 나오는 것이 아닐까.

마지막 악장인 3악장에서는 초반부터 격정적인 피아노 솔로가 등장한다. 듣고 있으면 모차르트에게 이렇게 폭풍 같은 열정이 있었나 놀라울 정도다. 하지만 곧 음악의 빛깔이 달라진다. 모차르트 특유의 경쾌하고 익살맞은 표정으로 돌아오는 것이다. 그래서 나는 이 대목을 들을 때마다 "아이, 이 장난꾸러기!"라고 외치고 싶은 충동에 사로잡히곤 한다.

모차르트는 35살이라는 젊은 나이에 죽었다. 세상을 등지기에는 너무나 아까운 나이다. 그래서 가끔 엉뚱한 상상을 하곤 한다. 만약 모차르트가 일찍 죽지 않았다면 어떤 모습으로 나이를 먹었을까 하는 상상이다. 나이가 들어도 특유의 장난기나 번득이는 천재성, 자유분방한 성격은 여전했을 것이다.

그런데 어느 날, 나는 상상 속에 있던 중년의 모차르트가 환생해 자기 작품을 연주하는 것 같은 착각을 불러일으키는 공연영상을 보았다. 1986년 여름, 피아니스트 프리드리히 굴다가 뮌헨의 가슈타이크 필하모니 홀에서 뮌헨 필하모닉과 함께 연주한 모차르트의 〈피아노 협주곡 제20번〉 공연 영상이다.

프리드리히 굴다는 1930년 오스트리아 태생으로 외르크 데무스, 파울 바두라 스코다와 함께 빈 삼총사로 불린 세계적인 피아니스트다. 그는 일체의 권위와 형식을 거부하는 피아니스트로 유명하다. 빈 아카데미의 경직성에 반기를 들고 아카데미로부터 받은 베토벤 반지를 반납하는 패기를 부리기도 했고, 무대에 오를 때 연미복이 아닌 캐주얼을 입는 파격을 보여주기도 했다. 재즈에 심취해 정통 클래식 연주회에 재즈나 자신의 자작곡을 집어넣기도 했는데, 이때 복부비만으로 대사성 질환이 심히 의심되는 중년 아저씨의 알몸을 그대로 드러내 충격을 주기도 했다.

그런가 하면 그는 대중을 대상으로 아주 심한 장난을 치기도 했다. 1999년 3월 28일, 한 언론사에 팩스 한 통이 왔다. 내용은 '프리드리히 굴다 뇌졸중으로 사망. 시신은 행방이 묘연함'이었다. 그러자 난리가 났다. 신문 방송은 20세기에 가장 창조적인 음악가를 잃었다며 그의 죽음을 대서특필했다. 그런데 웬걸. 며칠 후 문상객 앞에 '나 안 죽었지롱' 하고 나타난 것이다. 그걸 보고 황당해하는 사람들 앞에서 그는 자신이 '부활'했다고 너스레를 떨었다. 워낙 자유분방한 성격이라고는 하지만 이쯤 되면 자유가 아니라 방종이 아닐까 하는 생각마저 든다.

　　이런 전력 때문인지 그가 모차르트 피아노 협주곡을 연주하는 모습을 보고 있으면 장난기 가득한 악동의 이미지가 떠오른다. 평범한 티셔츠 차림으로 무대에 등장하는 모습에서부터 뭔가 심상치 않은 면모가 느껴진다. 이날 연주회에서 굴다는 직접 지휘를 하면서 피아노를 쳤다. 그런데 그 지휘하는 모습이 가관이다. 춤으로 치자면 거의 '막춤'에 가깝다고나 할까. 시장바닥에서 술이 거나하게 취한 아저씨가 어딘가에서 흘러나오는 유행가 가락에 맞추어 몸을 흔드는 것처럼 정리가 안 된 춤이다.

　　그가 이런 몸짓으로 오케스트라를 지휘하는 모습을 보

고 있으면 저런 사람이 과연 모차르트를 제대로 칠 수 있을까 하는 생각이 들기도 한다. 하지만 오케스트라 파트가 끝나고 피아노가 연주를 시작하는 순간 이 모든 것이 기우였다는 것을 알게 된다. 그의 터치는 너무나 생동감이 있다. 마치 피아노 건반 위에서 싱싱한 생선이 팔딱거리며 뛰고 있는 것 같은 느낌이다. 우아하고 부드럽다기보다는 명료하고 발랄하다. 신선한 터치, 똑똑 끊어지는 음들에 내재된 격조 높은 선율성, 짐짓 예쁜 척하지 않는 강직한 로맨스, 호들갑 떨지 않는 비장이 압권이다.

굴다의 연주 영상을 보고 있으면 때로는 그의 자유분방한 막춤 지휘가 기존의 지휘보다 음악을 더 생생하게 보여주는 것이 아닌가 하는 생각이 들기도 한다. 특히 2악장 〈로맨스〉의 마지막 음이 울린 다음에 나온 그의 손놀림은 몸으로 음악을 보여준다는 것이 무엇인지를 제대로 알게 해준다. 마지막 음의 여운이 채 가시지 않은 상태에서 두 손을 머리 위로 높이 들고 손가락을 살랑거리는데, 그것이 마치 마지막 음을 하늘로 날려 보내는 듯한 느낌을 준다. 나는 만약 모차르트가 공연 당시의 굴다처럼 56세까지 살았다면, 그 중년의 모차르트가 이 곡을 몸으로 표현했다면 딱 저렇게 했을 것이라 확신한다.

프리드리히 굴다는 클래식 연주자였지만 실제 삶은 재즈 같았다. 그렇게 어느 것에도 구애받지 않고 자유롭게 살다가 가짜 부고 기사 사건이 일어난 지 10개월 후인 2000년 1월 27일, 70세의 나이로 '진짜' 죽었다. 그가 사망한 1월 27일은 모차르트가 태어난 날이라는데, 이토록 절묘한 우연이 또 있을까 싶다.

J. S. 바흐 〈골드베르크 변주곡〉
J. S. Bach 〈Goldberg Variations〉

노래하는 피아니스트 글렌 굴드

음반을 통해 글렌 굴드의 피아노 연주를 처음 듣는 사람들은 누구나 황당한 경험을 하게 된다. 아름다운 피아노 소리 저 너머에 웅웅거리며 멜로디를 따라 하는 사람의 목소리를 어렴풋이 들을 수 있기 때문이다. 어떻게 피아노 소리에 저런 잡음이 섞일 수가 있지? 황당해하며 음반가게로 달려가 당장 환불해 달라고 요구하는 사람도 있다. 하지만 알 만한 사람들은 다 안다. 이것이 바로 그 유명한 '굴드 표 허밍'이라는 것을.

글렌 굴드는 노래를 부르며 피아노를 치는 피아니스트로 유명하다. 본인이야 제 흥에 겨워 그러는 것이지만 녹음을 맡은 음향 기술자에게는 이것이 엄청난 골칫거리가 아닐 수 없다. 온갖 수단과 방법을 동원해 그 소리를 담지 않으려고 애를 쓰지만 마이크 바로 앞에서 잡히는 소리를 완전히 제거한다는 것은 거의 불가능한 일이다. 그래서 지금도 글렌 굴드의 음반을 들으면 피아노 소리와 함께 기술자들이 '미처 지우지 못한' 그의 허밍 소리를 들을 수 있다.

글렌 굴드는 매우 독특한 사람이었다. 그는 삼복더위에도 긴 코트에 모자와 목도리를 하고 다녔다. 자신의 손이 잘못될 수도 있다는 강박관념 탓인지 늘 털장갑을 끼고 다녔다. 악수하는 것을 아주 싫어해서 어쩌다 악수를 청하는 사람이 있으면 "올해는 악수 안 하는 해로 정했습니다."라는 말로 거절하곤 했다. 그뿐 아니다. 한번은 아는 사람과 통화를 하다가 상대방이 감기에 걸렸다는 말을 듣고 서둘러 전화를 끊은 일도 있었다. 연주할 때는 늘 자기만의 의자를 가져와 거기에 앉아 연주했다. 아버지가 만들어 주었다는 그 의자는 다리가 고무로 되어 있어 몸의 각도에 따라 자유롭게 움직일 수 있도록 제작된 의자였다.

오늘날 굴드는 엄청나게 많은 팬을 가지고 있는데, 그중 상당수는 그가 세상을 떠난 후 팬이 된 사람들이다.

"내가 굴드의 연주를 처음 들었던 것은 1993년이었어요. 그걸 듣고 친구에게 말했어요. '세상에! 어쩌면 좋아. 나 죽은 사람하고 사랑에 빠졌어'라고 말이에요."

"뇌졸중으로 두 번이나 쓰러지고 나서 삶의 의욕을 잃은 적이 있었습니다. 세상과 담을 쌓고 그냥 침대에 누워서 하루하루를 보내고 있었지요. 그런데 어느 날 밖에 나가 있던 남편이 집으로 전화를 했더라고요. 굉장한 일이 있으니 지금 당장 라디오를 틀어 보라는 것이었어요. 그래서 라디오를 틀었더니 글렌 굴드가 연주하는 바흐의 〈평균율 클라이버 곡〉이 흘러나왔습니다. 그때까지 저는 글렌 굴드에 대해 전혀 아는 것이 없었어요. 하지만 그 연주를 듣는 순간 너무나 깊은 감동을 받았습니다. 그의 피아노 연주는 마치 하늘로 올려 보내는 기도와 같았습니다. 그때부터 저에게는 새로운 삶이 시작되었어요."

_글렌 굴드 다큐멘터리 〈이 시간 너머로(Hereafter)〉

글렌 굴드의 음반을 듣고 그의 열렬한 팬이 된 사람들의 증언이다. 이 말에서 알 수 있는 것처럼 글렌 굴드는 서양음악 연주사상 가장 독창적이고, 가장 매력적인 방법으로 음악을 이해하고 감상하는 법을 가르쳐준 피아니스트다. 연주자로서 생애의 대부분을 콘서트 홀이 아닌 녹음 스튜디오에서 보낸 그는 무려 60여 종에 달하는 음반을 남겼으며, 바로 이 음반들을 통해 지금도 살아 있는 사람들과 끊임없이 소통하고 있다.

글렌 굴드는 1932년 9월 25일 캐나다의 토론토에서 태어났다. 음악에 천부적인 재능을 가지고 있었던 그는 이른 나이에 피아니스트로 데뷔해 세계적인 피아니스트로 이름을 날렸다. 그런데 이렇게 피아니스트로서 승승장구하고 있던 어느 날, 굴드는 돌연 무대를 떠났다. 1964년 4월 10일 로스앤젤레스에서 독주회를 마친 후 더 이상 대중 연주회를 하지 않겠다고 선언한 것이다. 그때가 그의 나이 32살 때였다. 세상에 이렇게 한창때에 무대를 떠나다니. 아무런 사전 예고도 없이 갑자기 무대를 떠나겠다는 굴드의 말을 듣고 많은 사람들이 충격을 받았다.

사실 굴드는 오래전부터 무대를 떠나야겠다는 생각을 하고 있었다. 그는 자신의 대중 혐오증을 "청중 앞에서 연주를 하면 내가 마치 어릿광대가 된 것 같은 기분이 든다."라는 말로 표현하곤 했다. 여기저기 연주 여행을 다니는 일은 무척 고달픈 일이다. 고작 한 곡 혹은 몇 곡을 연주하기 위해 그렇게 오랜 시간 비행기를 타고 가는 것이나 관계자들을 만나고, 연습하고, 무대 뒤에서 기다리고 하는 그 모든 것들이 시간 낭비라는 생각이 들었다. 그래서 그는 무대에 서는 것을 싫어했다. 번스타인에게 보낸 편지에 "저는 수없이 많은 꾀병을 생각해 놓고 있습니다. 그것들을 연주회를 취소할 핑곗거리로 써먹을 작정이에요."라고 쓴 것만 보아도 그가 얼마나 무대를 싫어했는지를 알 수 있다.

이러한 성향 탓에 굴드를 은둔자라고 부르는 사람들이 있기도 하다. 하지만 이것은 틀린 말이다. 무대는 떠났지만 녹음과 방송을 통해서 끊임없이 자기 자신을 보여주었기 때문이다. 그는 청중에게서 자신을 보호하는 동시에 또 다른 방식으로 자기 자신을 적나라하게 드러내는 참으로 고독한 존재 방식을 선택했다. 이런 존재 방식을 그는 '창조적 은퇴'라고 표현했다.

그는 많은 음반을 남겼다. 1955년 처음 녹음한 바흐의 〈골드베르크 변주곡〉은 엄청난 반향을 불러일으키며 일약 베스트셀러가 되었다. 사람들은 이제까지 바흐를 이런 식으로 연주하는 것을 한 번도 들어본 적이 없었다. 바흐가 세상을 떠난 지 100년이 지난 후, 그의 〈마태수난곡〉을 발굴해 연주함으로써 세상 사람들에게 바흐의 위대함을 깨우쳐주었던 멘델스존처럼 굴드는 바흐 건반 음악의 새로운 가능성을 세상 사람들에게 제시한 피아니스트가 되었다.

1981년, 굴드는 한 번 녹음한 곡은 다시 녹음하지 않는다는 금기를 깨고 바흐의 〈골드베르크 변주곡〉을 녹음했다. 첫 녹음을 한 지 26년 만의 일이었다. 그가 이렇게 자기 자신의 금기를 깬 것은 그동안 녹음 기술이 엄청나게 발전했기 때문이다. 그는 전보다 훨씬 발달한 녹음 기술로 이 곡을 한 번 더 녹음하고 싶어 했다.

그 녹음 현장을 담은 영상을 보면 우선 역대의 그 어느 피아니스트보다 불량한(?) 그의 연주 자세에 놀랄 것이다. 아버지가 만들어 주었다는 그 유명한 의자에 앉은 그는 어깨를 구부정하게 구부린 채 건반에 쏟아질 듯한 자세로 피아노를 친다. 쉬고 있는 손으로 지휘를 하고, 입으로는 끊임없이 노래를 부른다. 한 곡에서 다른 곡으로 넘어갈 때 곡의 성격에 따라 특이한 제스처를 쓰기도 한다. 오른손이 느리고 조용한 멜로디를 연주할 때, 지휘하는 그의 왼손은 오른손에게 "좀 더 여리게, 좀 더 여리게."라고 주문한다. 이렇게 그는 온몸을 사용해 자기 자신의 연주를 '지휘'하고 있다.

글렌 굴드는 본래 하프시코드를 위해 작곡한 담백한 바흐의 원곡에 다채로운 색채를 불어넣었다. 그의 바흐 해석은 매우 독창적이다. 주관적인 템포 설정, 약동하는 리듬, 강렬한 악센트가 특유의 탱글거리는 터치와 어우러지면서 담백한 원곡이 발랄한 생명력으로 되살아나고 있다. 어쩌면 이것은 하프시코드에 비해 놀랄 만큼 표현력이 업그레이드된 피아노이기 때문에 가능한 일이었는지도 모른다. 물론 그는 하프시코드를 칠 때와 비슷하게 대부분의 음표를 거의 스타카토처럼 끊어서 친다. 그럼에도 그 속에서 레가토가 느껴진다. 느린 템포의 멜로디에서도 페달 하나 쓰지 않고, 놀랄 만큼 아름답고 명상적으로 그 서정성을 표현한다.

어느 누가 바흐의 〈골드베르크 변주곡〉에 이토록 강렬한 생명력을 불어넣을 수 있을까. 굴드가 정말로 바흐가 원하는 방식대로 연주했는지는 의문이다. 그 시대의 음악을, 그 시대의 악기로, 그 시대의 방식으로 연주하기를 주장하는 이른바 원전주의자들은 그의 독창적 해석에 불만을 가질지도 모르겠다. 하지만 가장 중요한 사실은 지금도 그의 바흐 연주를 들으며 깊은 감동을 받는 사람들이 많다는 사실이다. 그것이 중요한 것이 아닌가.

끝없는 자기 성찰을 통해 굴드는 자기가 성취하고자 하는 것이 무엇이고, 자신의 인생을 어떻게 살아야 하는

지 분명하게 알고 있었다. 성인이 되어서가 아니라 어릴 때부터 그랬다. 어린 시절 굴드와 동갑내기로 이웃집에 살았던 작가 로버트 풀포드는 "굴드는 늘 혼자 있었다. 왜냐하면 위대한 사람이 되기 위해서 엄청나게 열심히 노력해야 했기 때문이다. 그는 음악을 너무나 사랑했고, 그것은 거의 절대적인 것이었다. 어리지만 당시 그는 자기 자신이 누구이며, 또 어디로 가고 있는지를 확실하게 알고 있었다."라고 회상했다.

이 점에서 그는 성공적인 인생을 살았다고 할 수 있다. 사람들은 그가 피아니스트로서 최전성기에 무대를 떠난 것을 이해할 수 없다고 했다. 하지만 글렌 굴드에게는 타당한 이유가 있었다. 그는 자기 자신을 피아니스트라고만 생각하지는 않았다. 글쓰기와 방송, 작곡, 지휘, 음향 기술 등 다양한 분야에 흥미가 있었기 때문이다. 그런데 연주 여행을 다니는 고달픈 일정을 소화하면서 이런 일에 집중할 수는 없었다. 그래서 무대를 떠난 것이다. 녹음과 방송을 통해 음향 기술의 가능성을 알게 된 그는 콘서트 홀보다는 녹음 스튜디오에서 작업하는 것이 대중에게 자신의 음악을 더 잘 알리는 일이라고 생각했다.

글렌 굴드의 철학과 그 정체성의 핵심은 그가 만든 〈북방(北方)의 정신)이라는 영상 작품에 잘 드러나 있다. 그에게 있어서 '북방 기질'이란 고독, 독립, 이성, 용기, 은둔, 영적인 것, 개성, 원칙의 고수, 도덕적인 정직성과 평화를 상징하는 것이었다. 그는 남방(南方) 기질과는 맞지 않는 사람이었다. 평소에 자기를 과시하고, 정열을 드러내고, 밝은 빛깔로 자기 자신을 표현하는 지중해적인 남방 기질을 불편하게 생각했다. 그래서 세상일에 참여자가 아니라 참관자가 되기로 한 것이다.

그렇다고 해서 그가 세상과 완전히 단절한 채 살았던 것은 아니다. 그는 자기 주변에서 일어나고 있는 일에 대해 늘 어린아이 같은 호기심을 가지고 있었다. 그에게는 진실한 친구가 아주 많았으며, 전화를 통해 늘 그들과 접촉했다. 그의 친구들은 그를 아주 신사답고 상냥하고 재미있고 매력적이고 따뜻하고 진실한 사람이었다고 회고한다.

글렌 굴드는 1982년 10월 4일, 토론토에서 세상을 떠났다. 평소에 그의 음악을 사랑하던 사람들이 모인 그의 장례식장에서는 그가 생전에 연주한 바흐의 〈골드베르크 변주곡〉 중 아리아가 울려 퍼졌다. 그가 이승에서 마지막으로 부른 〈백조의 노래〉였다.

요한 슈트라우스 2세 〈아름답고 푸른 도나우〉
Johann Strauss 〈An der schönen blauen Donau〉

초서체 지휘의 전설, 카를로스 클라이버

오스트리아 빈 하면 무엇이 가장 먼저 떠오를까. 음악을 좋아하는 사람이라면 누구나 빈 왈츠라고 얘기할 것이다. 빈 왈츠. 참으로 달콤한 동경을 일으키는 말이다. 어린 시절부터 빈 왈츠를 들으며 이 도시의 아름다움을 동경해 왔다. 하지만 사실 음악 그 자체를 놓고 보았을 때, 왈츠는 내게 그다지 매력적인 장르가 아니었다. 나는 우선 그 심하게 달콤하고 경쾌한 멜로디가 싫었다. 물에 물 탄 듯 술에 술 탄 듯 술술 잘 넘어가는 멜로디, 그 핑크빛 멜로디의 상투적인 나열이 마음에 안 들었다. 왈츠처럼 인생이 온통 핑크빛일 수 있다면 얼마나 좋을까. 하지만 그렇지 않은 현실을 바라보면서 음악이 그렇게 아무 생각 없이 경쾌할 수 있다는 사실이 불편했다. 농촌 풍경을 그저 아름답고 평화롭게만 묘사한 이발소 그림을 볼 때와 같은 기분이라고나 할까.

오늘날 빈은 자기 도시를 대표하는 음악으로 왈츠를 전면에 내세우고 있다. 해가 바뀔 때마다 열리는 빈 신년음악회의 레퍼토리가 주로 요한 슈트라우스 부자(父子)의 왈츠와 폴카로 채워지는 것만 보아도 알 수 있다. 그런데 참으로 아이러니컬하지 않은가. 서양음악의 메카로 그동안 수없이 많은 명곡을 탄생시킨 이 도시가 그 무수한 걸작들을 제쳐 두고 요한 슈트라우스의 왈츠를 대표 음악으로 선정했다는 것이 말이다. 해마다 이름도 쟁쟁한 지휘의 거장들을 초청해 신년음악회 지휘를 맡기지만 사실 나는 이것이 관광 상품 혹은 이벤트성 행사 이상의 의미를 가진다고 생각해 본 적이 없었다. 따라서 그토록 비싼 입장료를 지불하고 그곳에 가는 사람은 물론이고, 그 실황을 담은 음반이나 DVD를 구매하는 사람조차도 잘 이해하지 못했다. 아이구, 돈 아까워.

그럼에도 불구하고 내가 카를로스 클라이버가 지휘하는 1989년 빈 신년음악회 실황 DVD를 구매한 것은 클래식 강의를 듣는 수강생들에게 보여주기 위해서였다. 그때가 아마 연초였을 것이다. 그동안 베토벤, 브람스, 말러, 바그너 같은 고단백 음악을 들으며 심적인 부담을 느꼈을 수강생들의 마음을 가볍게 풀어 주려고 빈 신년음악회를 보여 주기로 한 것이다. 그뿐이었다. 개인적으로 별다른 기대도 하지 않았다.

하지만 결론부터 말하자면 나는 카를로스 클라이버가 지휘하는 신년음악회를 보고 나서 요한 슈트라우스 왈츠에 대한 생각을 달리하게 되었다. 심지어 그 음악에 맞추어 춤추고 싶다는 생각까지 하게 되었다. 음악을 들으며 아무 부담 없이 춤추고 싶다는 생각을 했던 적이 언제였던가. 음악은 본질적으로 노래하는 것이고, 또한 춤추는 것이거늘 나는 참으로 오랫동안 그 순도 높은 즐거움을 잊은 채 음악 속에서 무언가 심오한 것을 찾으려고 고군분투했던 것 같다.

나에게 이런 순도 높은 즐거움을 다시 찾아준 사람은 물론 지휘자 카를로스 클라이버였다. 그동안 카라얀을 비롯해 수없이 많은 거장이 빈 신년음악회를 지휘했다. 하지만 나는 카를로스 클라이버만큼 이 음악회의 의미와 요한 슈트라우스 음악의 정수를 몸으로 보여준 지휘자는 없었다고 생각한다.

사실 요한 슈트라우스의 왈츠는 지휘자의 음악적 개성

이나 해석이 개입될 여지가 별로 없는 음악이다. 그냥 가볍게 박자만 맞추면 되지 그렇게 심사숙고할 필요도 없다. 요한 슈트라우스 왈츠를 지휘하는 데 있어서 중요한 것은 심오한 해석이 아니다. 그보다는 왈츠 본연의 임무인 '춤추고자 하는' 인간의 본성을 끌어내는 것이 더 중요하다고 생각한다. 하지만 그전까지 경험했던 그 어느 왈츠 연주도 내 감성 깊은 곳에 도사리고 있는 춤추고자 하는 욕구를 끌어내지는 못했다. 그런데 이날 카를로스 클라이버가 차갑게 굳어버린 내 팔다리에 왈츠의 감각을 일깨워 준 것이다.

카를로스 클라이버. 그는 음악을 몸으로 보여주는 지휘자다. 그의 지휘는 음악을 시각적으로 경험하게 한다. 지휘 자체가 하나의 퍼포먼스로 보는 사람의 귀는 물론 눈까지도 즐겁게 한다. 지휘자가 무대 뒤에서 오케스트라를 연습시킬 때는 자신이 원하는 음악과 사운드를 끌어내는 데만 신경을 쓰면 된다. 하지만 지휘를 하기 위해 무대에 서면 사정이 달라진다. 관객이라는 새로운 변수가 있기 때문이다. 지휘자는 객석에 앉아 자기 뒤통수만 열심히 바라보고 있는 관객들을 생각해야 한다. 말하자면 관객 서비스 차원에서 무언가 볼거리를 제공해 주어야 한다는 말이다. 무대 위에서 지휘자가 할 수 있는 서비스란 다름 아닌 '음악을 몸으로 보여주는 것'이다. 특히 빈 신년음악회처럼 음악에 대한 심오한 해석보다 현장의 즐거움이 더 강조되는 음악회일 경우에는 더욱 그렇다.

1989년 빈 신년음악회에서 카를로스 클라이버는 지휘를 하지 않고 춤을 추었다. 그건 지휘가 아니라 춤이었다. 그것도 아주 우아하고 고상하고 매력적인 춤. 그래서 모두 속수무책으로 빨려 들어갔다. 특히 요한 슈트라우스의 〈아름답고 푸른 도나우〉의 느린 도입부에서 그가 보여준 우아한 몸짓은 대한민국 아줌마들의 마음을 사로잡기에 충분했다. 그때 어디선가 이런 소리가 들렸다.

"저 양반하고 왈츠 한 번 춰봤으면 원이 없겠네."

우리 모두 같은 마음이었다. 그렇게 싫어하던 왈츠가 좋아질 정도로 그의 지휘는 매력적이었다. 경쾌하지만 천하지 않고, 자유롭지만 방만하지 않은 그런 지휘였다. 다른 장르의 음악을 지휘하면서 쌓은 카리스마 때문일까. 그의 지휘봉 아래에서는 솜사탕 같은 요한 슈트라우스의 왈츠조차 어느 정도 형식과 격조를 갖춘 음악처럼 들렸다. 그는 예의를 한껏 갖춘 우아한 몸짓으로 이렇게 말하고 있었다.

"Shall we dance?"

몸으로 음악을 보여주는 지휘자 카를로스 클라이버.

그는 지휘자였지만 지휘하기를 싫어했다. 카라얀의 말대로 냉장고가 비었을 때만 마지못해 지휘봉을 들었다. 그는 부와 명예에 연연해하지 않았다. 카라얀이 여러 대의 카메라를 동원해 자기 선전에 열을 올렸던 것과는 대조적으로 기록을 남기는 것을 싫어했다. 극단적인 완벽주의자였던 그는 기록하지 않는 것이야말로 가장 훌륭한 기록이라는 명언을 남겼다. 그 때문인지 다른 유명 지휘자에 비해 음반 수가 적은 편이다.

녹음만 싫어했던 것이 아니다. 6개 국어를 자유자재로 구사할 줄 알면서도 인터뷰하는 것을 싫어했다. 자기 입에서 나오는 소리는 헛소리에 지나지 않는다는 것이 그 이유였다. 또한 그는 단 한 번을 제외하고는 평생 어떤 오케스트라에도 소속된 적이 없었다. 얽매이는 것을 싫어했기 때문에 항상 프리랜서로 자기 마음 내킬 때만 지휘봉을 들었다. 심지어는 베를린 필이 카라얀 후임으로 그를 지명했을 때도 그 엄청난 자리를 거절할 정도였다. 워낙 바람 같은 사람이라 며칠씩 아니 몇 달씩 행방이 묘연한 적도 많았다.

이와 관련한 일화가 있다. 어떤 오케스트라에서 연주회 직전에 지휘자가 쓰러지는 바람에 그에게 대신 지휘를 부탁한 적이 있었다. 처음에는 어디 있는지 행방을 몰라 애를 먹었다고 한다. 수소문 끝에 간신히 연락이 닿기는 했는데, 보기 좋게 거절을 당했다. 그런데 그 이유가 참 놀라웠다. 지금 아들에게 매일 수영을 가르치고 있는데, 이걸 중단할 수 없다는 것이 이유였다. 결국 이 일은 오케스트라 측에서 수영장이 있는 호텔에 숙소를 잡고 아들을 데리고 와 매일 수영을 가르칠 수 있도록 함으로써 해결되었다.

클라이버는 음악을 해석하는 방식도 매우 독특했다. 어떤 교향악단과 베토벤의 교향곡 제4번을 연습하고 있을 때의 일화다. 2악장의 속삭이는 듯한 부분을 연습할 때, 그는 단원들에게 그 부분이 '테레제, 테레제'라고 속삭이는 것처럼 연주하라고 했다. 테레제는 베토벤이 〈교향곡 4번〉을 작곡하고 있을 당시 사랑하던 여자였다. 그런데 단원들이 그 부분을 연주하자 그가 곧 연습을 중단시켰다. 자기 귀에는 그 소리가 '테레제, 테레제'가 아니라 '마리아, 마리아'로 들린다는 것이다. 마리아도 물론 베토벤의 연인 중 한 사람이지만, 그 말을 듣고 단원들이 얼마나 당황했는지 충분히 짐작이 갈 것이다.

누군가 카를로스 클라이버의 지휘를 '초서체' 지휘라 불렀다. 그의 지휘 스타일을 이처럼 적절하게 요약한 말도 없을 것이다. 이 말처럼 그의 지휘를 보고 있으면 초서체 특유의 흐드러짐, 생략과 흘림의 자유분방함이 느껴진다. 오케스트라에서 흘러나오는 음악은 그의 지휘봉 끝에서 초서체의 시각적 이미지로 재현된다. 그는 지휘봉으로만 초서체를 쓰는 것이 아니다. 몸으로도 초서체를 쓴다. 순간순간 음악의 흐름에 그저 몸을 내맡긴 채 지휘를 생략하는 경우도 있다. 하지만 이때도 그의 몸은 음악을 타고 있다. 몸 전체가 음악이고, 음악이 곧 그의 몸이다. 지휘자의 몸. 그것이 그대로 음악이 될 수 있다는 사실을 나는 카를로스 클라이버의 지휘를 보며 느꼈다.

그 자신의 지휘 스타일처럼 카를로스 클라이버는 삶 속에서도 무한한 자유를 구가하며 살았다. 그는 생전에 번스타인에게 "태양이 듬뿍 내리쬐이는 정원에서 먹고, 마시고, 자고, 사랑을 나누며 늙어가고 싶다."고 이야기했다고 한다. 이토록 자유를 사랑했던 그는 지난 2004년, 초서체 지휘의 전설을 남기고 바람처럼 우리 곁을 떠났다.

사랑은 자유로운 새

치명적인 매력으로 남자를 유혹해 파탄에 이르게 하는 요부나 악녀를 '팜므 파탈'이라고 한다. 팜므(femme)는 '여자', 파탈(fatale)은 '운명적인' 혹은 '치명적인'이라는 뜻의 프랑스어다. 음악가들이 창조해 낸 팜므 파탈 중에서 가장 대중적으로 많이 알려진 팜므 파탈은 비제의 오페라에 나오는 '카르멘'이다.

오페라 〈카르멘〉의 무대배경은 스페인의 세비야. 카르멘은 이곳 담배공장에서 일하는 집시다. 집시는 '자유'를 존재의 유일한 근거로 삼고 살아가는 집단이다. 그들의 삶에서 자유를 빼면 그것은 살아야 할 이유가 없는 삶이 되어 버린다. 인습과 규범, 제도의 속박에서 벗어나 자유분방한 삶을 살기 때문에 아버지가 누군지 모르는 경우도 많다고 한다. 이들에게는 자신을 낳아 준 어머니만이 자기 존재의 출처(?)를 알 수 있는 유일한 근거다.

본능에 충실한 삶. 사실 이런 삶을 꿈꾸어 보지 않은 사람이 과연 몇이나 될까. 언젠가 사람들과 이 문제에 대해 토론을 벌인 적이 있었다. 그때 그 자리에 있던 대부분의 사람들이 다음과 같은 결론에 도달했다.

"들키지만 않는다면…"

이 문장의 말줄임표에 무슨 말이 들어가는지 굳이 얘기하지 않아도 다 알 것이다. 들켜서 망신을 당하지 않는다는 보장만 있다면 곧이 본능을 거부할 이유가 없다는 것이다. 이렇게 통제할 수 없는 욕망을 통제하며 살아가는 인간들에게 카르멘이라는 존재가 주는 의미는 각별하다. 우리는 그 자유와 용기와 에너지, 그리고 결정적으로 일단 어떤 남자에게 꽂히면 단숨에 그를 자기 것으로 만드는 그녀의 그 치명적인 매력을 부러움 반, 두려움 반의 심정으로 바라본다.

오늘날 카르멘이라는 이름은 정열, 사랑, 자유의 상징이 되었다. 인터넷의 이미지 검색창에 '카르멘'이라고 치면 인간의 척추가 이렇게도 휠 수 있구나, 감탄하게 만드는 묘한 S자로 포즈를 취하고 있는 여자들의 사진이 화면 가득 뜬다. 그녀들은 대부분 풍선만 한 가슴을 아슬아슬한 비키니 수영복 속에 감추고(?) 있다. 그 뇌쇄적인 눈빛, 의기양양한 표정이란.

하지만 집시 여인 카르멘은 컴퓨터 검색창에 뜨는 비키니 차림의 카르멘들과는 비교가 안 될 만큼 매력적인 여자이다. 돈 호세가 그냥 반한 것이 아니다. 그야말로 자유의 화신이라고 할 수 있는데, 그녀가 부르는 〈하바네라〉가 이를 증명한다.

사랑은 자유분방한 새.

그 누구도 길들일 수 없어요.

일단 거절하기로 마음먹으면 불러봤자 아무 소용없어요.

협박을 해도 안 되고, 애걸복걸해도 안 돼요.

세상에는 말 잘하는 사람도 있고, 과묵한 사람도 있지요.

그중에서 나는 과묵한 사람이 좋아요.

아무 말 안 해도 나를 즐겁게 하니까요.

사랑, 사랑, 사랑. 사랑은 집시 아이와 같은 것.

제멋대로지요.

당신이 싫다고 해도 나는 좋아요.

내가 당신을 사랑한다면, 그때는 조심하세요.

당신이 잡았다고 생각하는 새는

곧 날개를 펴고 날아가 버릴 테니까요.

사랑이 멀리 있을 때는 그냥 기다리세요.

그러면 생각지도 않은 때에 사랑이 찾아옵니다.

당신 주변 어디에서나

갑자기, 갑자기 사랑이 왔다가는 가고 또 찾아올 테니.

당신이 붙잡으려 하면 도망치고

벗어나려 하면 꼭 잡고 놓지 않을 거예요.

〈하바네라〉는 순진한 청년의 마음을 단숨에 사로잡는 마력을 가진 노래다. 하바네라라는 말은 '아바나의 춤'이란 뜻의 'danza habanera'를 줄여서 부른 것인데, 아바나는 쿠바의 수도를 가리킨다. 하바네라는 19세기 초에 쿠바에서 발생한 춤곡이며 이후 이 춤곡은 스페인으로 건너가 '하바네라'가 되었다. 하바네라는 스페인어로 '아바네 풍'이라는 뜻으로 정확한 발음은 '아바네라'가 되지만 지금은 '하바네라'라는 이름으로 통용되고 있다.

하바네라는 2/4 박자의 춤곡으로 특징적인 3-3-2 패턴의 리듬을 가지고 있다. 이 리듬이 매우 관능적인 느낌을 준다. 카르멘은 매혹적인 자태로 이 관능적인 리듬에 맞추어 춤을 추고 노래를 불렀다. 그러니 세상 어느 누가 안 넘어가겠는가.

비제가 팜므 파탈의 전형인 카르멘이 부르는 노래를 하바네라로 한 것은 선택이 아닌 필수였다. 사실 서유럽을 중심으로 한 클래식 음악 양식은 인간의 본성과 관능을 적나라하게 표현하는 데 적합한 양식이 아니었다. 인간의 감정을 날 것 그대로 표현하기에는 너무 고상하다고 해야 할까. 하지만 인간의 감정을 절절하게 표현하고 싶었던 낭만주의 작곡가들에게는 이게 불만이었다. 그래서 그들은 스페인 쪽으로 고개를 돌렸다. 이 나라에는 인간의 본능을 밑바닥부터 흔들어 놓는 무수한 춤곡들이 있기에. 하바네라도 그중 하나다.

카르멘은 하바네라로 돈 호세를 유혹하면서 자기의 사랑이 위험할 수 있다는 것을 경고한다. 하지만 돈 호세는 속수무책으로 카르멘에게 빨려 들어간다. 그는 아마 자유분방한 카르멘에게 신선한 충격을 받았을 것이다. 고향에서 자기를 기다리는 순결한 약혼녀 미카엘라에게서는 느낄 수 없었던 치명적인 매력. 붉은 입을 벌리고 강렬한 에너지로 자신을 끌어당기는 악녀의 유혹을 끝내 거절할 수 없었을 것이다. 그 순간은 지옥 끝까지라도 따라가고 싶은 심정이었겠지만 카르멘의 노래는 이미 그런 종말을 경고하고 있었다. 자신은 자유로운 존재라 언제라도 사랑을 취할 수 있지만 또 언제라도 버릴 수 있다는 것을.

카르멘이 팜므 파탈인 것은 돈 호세를 결국 파멸로 이끌었기 때문이다. 담배공장에 다니는 다른 여공과 싸움을 벌이다 결국 감옥까지 가게 된 카르멘은 자신을 지키는 돈 호세를 유혹한다. 그래서 돈 호세를 탈영병으로 만들어 버린다. 어디 그뿐인가. 탈영한 돈 호세를 밀수꾼의 소굴로 끌어들이기까지 한다.

하지만 카르멘의 사랑은 거기까지였다. 얼마 지나지 않아 그녀는 돈 호세에게 싫증을 느낀다. 그리고 바로 그때 그녀 앞에 새로운 남자가 나타난다. 에스카미오라는 투우사이다. 이 근육질의 짐승남에게 새로운 매력을 느낀 카르멘은 결국 돈 호세를 버린다. 남의 인생을 망쳐 놓고 보란 듯이 새 남자에게 가 버린 것이다.

그 후 카르멘과 돈 호세는 투우장 앞에서 다시 만난다. 여기서 돈 호세는 카르멘의 사랑을 갈구하지만 그녀는 이를 단호하게 거절한다. 돈 호세가 격분해서 자기를 죽일 것을 뻔히 알면서도 끝내 그를 거부한다. 결국 카르멘은 돈 호세의 칼을 맞는다. 진정한 집시로서의 삶, 진정으로 본능에 충실한 삶, 마지막까지 자유로운 영혼의 소유자로 살던 카르멘은 그렇게 최후를 맞는다.

동서고금에 수많은 팜프 파탈이 있었다. 그리고 그 수만큼이나 팜프 파탈의 유혹에 빠져 인생이 끝장난 남자들이 있었다. 이런 일이 한두 번이 아니니 이것을 보고 교훈을 얻을 만도 한데 현실은 그렇지 않은 모양이다. 지금도 팜프 파탈의 유혹에 빠져 인생을 망친 남자들의 얘기가 심심치 않게 들리니 말이다. 이게 하도 이해가 안 돼서 어느 날 남편에게 물어봤다.

"왜 남자들은 팜프 파탈의 이야기에서 교훈을 얻지 못하는 거야? 망할 거 뻔히 알면서 왜 순간의 유혹에 넘어 가냐고?"

이에 대한 남편의 대답은 이랬다.

"그런 식으로 진화가 된 동물이라서 어쩔 수가 없어."

리하르트 슈트라우스 〈틸 오일렌슈피겔의 유쾌한 장난〉
Richard Strauss 〈Till Eulenspiegels lustige Streiche〉

자유롭게 살다 간 독일판 놀부

베를린에서 니더작센주의 쇠펜슈테트까지 가는 길은 멀고
도 험했다. 중간에 기차를 세 번이나 갈아타야 했다. 내가
이름도 생소한 '쇠펜슈테트'라는 곳을 불원천리 찾아간 것
은 그곳에 틸 오일렌슈피겔 박물관이 있기 때문이다. 틸 오
일렌슈피겔은 우리에게는 낯선 이름이지만 독일 사람이라
면 누구나 알고 있는 독일 민담 속의 인물이다. 남 속이기
와 놀리기, 골탕 먹이기가 취미인데, 그 고약한 정도가 우
리나라의 놀부 뺨칠 정도였다.

　독일 민담에는 틸 오일렌슈피겔이 1300년경 독일 작
센주에서 태어났다고 되어 있다. 어려서부터 싹수가 노랬

으며, 머리가 조금 큰 후에는 마을을 종횡무진으로 누비며 장난이란 장난은 다 치고 다녔다. 〈틸 오일렌슈피겔의 유쾌한 장난〉이라는 제목만 보고 그가 누구나 웃어넘길 수 있는 애교 수준의 장난을 쳤을 것이라 생각하겠지만 천만에. 당하는 사람의 멘털을 붕괴시킬 정도로 심한 장난을 쳤다. '유쾌'하다는 것은 어디까지나 틸 오일렌슈피겔 본인의 기분일 뿐 당하는 사람에게는 그냥 '불쾌'한 봉변이었다. 이렇게 생산적인 일은 전혀 하지 않고, 남 골려 먹을 궁리만 하고 있는 그를 보고 사람들은 '아무짝에도 쓸모없는 놈'이라고 손가락질을 했다.

어느 날, 사고뭉치 아들 때문에 늘 노심초사하던 틸의 아버지가 세상을 떠났다. 가장이 없으니 틸이 나서서 일을 해야 할 텐데 그는 그러지 않았다. 그저 집에서 빈둥거리며 어떻게 하면 남을 골려 먹을 수 있을까 이런 궁리만 하고 있었다. 그러다가 어느 날 갑자기 개과천선을 했는지 태어나서 처음으로 어머니에게 효도를 해야겠다는 기특한 생각을 하게 되었다. 어머니에게 빵을 구해다 드리기로 한 것이다. 틸은 구멍 뚫린 배낭을 가지고 빵가게로 들어가 주인에게 말했다.

"제 주인이 지금 마을의 호텔에 계신데, 그분에게 10실

링어치의 호밀과 흰 빵을 배달해 주시겠습니까? 돈은 저의 주인께서 호텔에서 주실 겁니다."

빵집 주인은 호밀과 흰 빵을 주고 하인에게 그와 함께 호텔로 가서 돈을 받아오라고 했다. 틸은 구멍 뚫린 배낭에 빵을 집어넣었다. 그리고 길을 걷는 중에 뚫린 구멍으로 빵한 개가 길바닥에 떨어졌다. 그러자 틸은 하인에게 자기 주인은 흙 묻은 빵은 먹을 수 없으니 가게에 가서 다른 것으로 바꾸어 오라고 했다. 하인이 가게로 빵을 바꾸러 간 사이, 그는 나머지 빵과 호밀이 든 배낭을 가지고 줄행랑을 쳤다. 빵가게 주인이 하인과 함께 주인이 묵는다는 호텔로 찾아갔지만 호텔에는 그런 사람이 없었다. 어머니에게 효도라는 걸 하기 위해 남을 속이고 도둑질을 한 것이다. 이런 불효자식 같으니라고!

이런 일을 부지기수로 하니 늘 욕을 먹을 수밖에 없었다. 그런데도 그는 매일 기상천외한 레퍼토리로 사람들을 골려 먹었다. 사기 수법이 날이 갈수록 진화해서 사람들은 매번 욕하면서도 당했다. 한 번은 틸이 교회 종탑 위에 올라가 날아 보겠다고 했다. 사람들이 모두 교회 마당으로 구경을 나왔다. 틸은 종탑 위로 올라가 실제로 손을 훨훨 저으며 나는 시늉을 했다. 사람들이 모두 숨을 죽이고 지켜보고 있을 때 그가 깔깔거리며 이렇게 말했다.

"이 바보들아. 사람이 어떻게 날 수 있어? 그런데도 그
걸 구경하려고 이렇게 모이다니. 이 멍청이들. 이 바보
멍청이들아."

틸 오일렌슈피겔의 이야기는 수 세기 동안 입에서 입
으로 전해져 내려왔다. 쇠펜슈테트에 있는 틸 오일렌슈피
겔 박물관은 이렇게 수 세기 동안 전해져 온 독일판 놀부의
진면목을 볼 수 있는 곳이다. 틸 오일렌슈피겔의 기행을 묘
사한 책과 그림, 조각, 영상 등이 전시되어 있었는데, 그중
에서 가장 인상적인 것은 엉덩이를 드러내고 볼일을 보는
틸의 형상이었다. 그걸 보는 순간 그냥 확 주저앉혀 버리고
싶은 충동이 일었다. 똥 누는 놈 주저앉히기가 특기인 놀부
처럼 말이다. 그런데 이런 식의 장난은 좀 심하지 않나? 아
무리 남을 놀려 주고 싶어도 그렇지 이렇게 심하게 스스로
망가질 필요는 없잖아.

워낙 외진 곳에 있는 데다가 이름난 관광명소가 아니
어서 그런지 박물관에는 관람객이 거의 없었다. 입구로 들
어서니 박물관 관계자인 듯한 중년 남자가 낯선 이방인을
반갑게 맞아 준다. 그는 동양인이 이렇게 외진 곳까지 찾아
온 것이 마냥 신기한 것 같았다. 내가 R. 슈트라우스 음악

덕분에 틸 오일렌슈피겔을 알게 되었다고 하니 이제야 이해가 된다는 듯 고개를 끄덕였다. 하기야 R. 슈트라우스의 음악이 아니면 내가 독일 민담에 나오는 틸 오일렌슈피겔이라는 이름을 어떻게 알 것이며, 이렇게 접근성이 떨어지는 곳까지 찾아올 생각을 어떻게 했겠느냐 말이다. 이곳을 찾는 외국인 중 십중팔구는 R. 슈트라우스의 음악 때문에 틸 오일렌슈피겔이라는 이름을 알게 된 사람들일 것이라 확신한다.

　　R. 슈트라우스의 〈틸 오일렌슈피겔의 유쾌한 장난〉은 음악으로 풀어낸 틸의 이야기다. 작곡가가 악보에 직접 텍스트를 적어 놓았는데, 첫 대목 "옛날 옛적에 소문난 장난꾸러기가 있었어."는 부드럽고 온화한 바이올린으로 시작한다. "아니. 장난꾸러기 이야기인데, 음악은 전혀 장난꾸러기가 아니네."라고 생각하는 순간 "그의 이름은 틸 오일렌슈피겔"에서 본색이 드러난다. 호른과 오보, 클라리넷, 파곳(바순)과 오케스트라가 이리저리 사고를 치고 다니는 틸의 모습을 익살맞게 그린다. 그러다가 갑자기 조용해진다. 진실을 말할 순간이 온 것이다. 이 역할은 독주 클라리넷이 맡는다. "그는 아주 못된 악동이었어."

　　그 후 음악은 틸이 말을 타고 시장 한복판으로 달려들

어 시장을 난장판으로 만드는 장면에서부터 신부로 변장해 근엄한 목소리로 사람들에게 도덕에 관해 설교하는 장면, 기사가 된 틸이 아름다운 아가씨와 사랑에 빠졌다가 실연당하는 장면으로 이어진다. 실연의 충격으로 틸은 세상에 대해 분노를 품게 된다. 그 결과 전 인류에게 복수할 것을 다짐한다. 아니. 실연은 자기가 당해 놓고 왜 인류에게 복수를 하지? 누가 이야기를 만들었는지 모르지만 비약이 너무 심하다는 생각이 든다. 여하튼 이런 '묻지 마' 범죄를 다짐하는 대목에서는 음악이 격렬해진다. 금관악기를 중심으로 모든 악기들이 격렬하게 상승한다.

틸이 첫 번째 복수 대상으로 삼은 것은 학자들이다. 그가 학자들에게 어려운 문제를 내자 그들 사이에 논쟁이 벌어진다. 학자들로 분한 악기들이 서로 싸우고, 틸은 이 광경을 재미있어 죽겠다는 표정으로 바라본다. 하기야 세상에서 제일 재미있는 것이 싸움 구경이지. 그러나 이런 재미도 잠시. 틸은 곧 싫증을 내고 논쟁에서 빠진다. 이 대목에서 이따금씩 나타나는 틸의 주제는 그가 슬슬 눈치를 보면서 논쟁에서 빠지는 과정을 보여준다. 그리고 학자들의 논쟁이 절정에 이르렀을 때 틸은 경쾌하게 휘파람을 불며 현장을 빠져 나간다. 내가 언제 싸움을 붙였냐는 듯이.

틸이 한 장난 중에서는 탐욕에 찌든 인간을 골려 준 것도 있었다. 그가 살던 마을에는 집에서 돼지를 잡으면 그 날은 그 집을 찾는 아이들에게 수프와 귀리죽을 주는 풍습이 있었다. 어느 날, 한 집에서 돼지를 잡았다. 하지만 인색한 그 집 주인은 아이들에게 음식을 주고 싶지 않았다. 틸을 비롯한 마을 아이들이 수프를 얻어먹으러 왔을 때 인색한 주인은 오래되어서 곰팡이 냄새가 나는 빵 껍질에 수프를 들어붓고 아이들에게 먹도록 했다. 문을 걸어 잠그고 집에 가려는 아이들의 등짝을 때리며 배가 터질 때까지 이것을 먹도록 했다. 이 일 이후 아이들은 다시는 그 집을 찾지 않게 되었다.

그런데 이런 일을 당하고 가만히 있을 틸이 아니었다. 어떻게 하면 복수를 할까 생각하고 있던 어느 날 길에서 그 인색한 농부를 만났다. 농부가 실실 웃으며 언제 우리 집에 수프를 먹으러 오겠냐고 묻자, 틸은 "댁의 닭들이 먹이를 가지고 피 터지게 싸울 때가 되면 갈게요."라고 대답했다. 그러자 농부는 "아. 그래? 그러면 앞으로 한동안 우리 집에 올 일이 없겠네."라고 빈정거렸다.

호시탐탐 기회를 노리던 어느 날 드디어 농부의 닭들이 먹이를 찾기 위해 길거리로 나온 것이 보였다. 틸은 끈을 여러 개 가져다가 둘씩 짝을 지어 묶었다. 그리고 양쪽 끝에 커다란 빵 덩어리를 달아 놓았다. 빵 덩어리를 발견한 닭들이 그것을 입에 넣고 삼키려고 했지만 삼킬 수가 없었다. 빵 덩어리가 너무 큰데다가 끈 반대편에서 다른 닭이 역시 끈을 끌어당기고 있었기 때문이다. 200여 마리의 닭들이 서로 쪼고 끌어당기느라 정신이 없었다. 이렇게 해서 틸은 인색한 농부에게 복수를 할 수 있었다.

이 외에도 틸 오일렌슈피겔이 일생 동안 한 장난은 100가지가 넘는다. 그중에는 신부나 왕, 귀족들을 욕되게 한 것도 있다. 결국 그는 권위에 도전한 죄로 체포된다. 음악이 절정에 이른 순간, 작은 북 하나만 남고 모든 소리가 갑자기 사라지는데, 이는 틸이 체포된 순간을 그린 것이다. 하지만 그 순간에도 틸은 휘파람을 분다.

높은 사람을 모욕한 죄로 틸은 결국 사형에 처해졌다. 하지만 죽은 후에도 그의 장난기는 멈추지 않았다. 죽으면서 궤짝 하나를 남겼는데, 사람들이 그 안에 굉장한 것이 들어 있는 줄 알고 서로 차지하려 다투었다. 하지만 막상 열어 보니 안에 쓸모없는 돌멩이만 가득 들어 있었다. 돌만 들어있는 궤짝을 서로 차지하려고 그렇게 열심히 싸운 것이다. 이렇게 틸은 죽어서도 인간의 탐욕을 비웃었다.

틸은 매우 특이한 방식으로 땅에 묻혔다. 인부들이 관의 양쪽 끝을 끈으로 묶고 구덩이 아래로 내릴 때 아래쪽 끈이 그만 풀어지고 말았다. 그래서 관이 구덩이 안에 서 있는 꼴이 되었다. 인부들은 그 상태로 관을 묻었다. 그 특이한 모양이 틸 오일렌슈피겔에게 어울린다고 생각했기 때문이다. 이 희대의 장난꾼이 묻힌 무덤의 묘비에는 이렇게 적혀 있다.

"이 관을 절대로 열지 말 것. 여기 틸 오일렌슈피겔이 묻혀 있도다."

주세페 베르디 〈라 트라비아타〉 중 〈아! 그이인가〉
Giuseppe Verdi 〈Ah! Forse lui〉 from 〈La Traviata〉

난 언제나 자유롭게 살 거야

나는 드라마를 즐겨 보는 편이다. 특히 써야 할 원고가 많아서 스트레스를 엄청 받을 때, 쓰라는 원고는 쓰지 않고 드라마를 보면서 시간을 죽인다. 마음속으로 '이러고 있을 때가 아닌데' 하면서 말이다. 그중에는 좋은 드라마도 있지만 정말 말도 안 되는 막장 드라마도 있다. 그런 드라마는 욕하면서 본다. 아니, 욕하는 재미로 본다.

　사실 드라마 중에는 현실과 동떨어진 것들이 많다. 가장 대표적인 것이 평범한 집안의 여자가 재벌집 아들과 결혼하는 것이다. 이건 어디까지나 드라마일 뿐 실제 현실에서 이런 일이 일어날 가능성은 그리 크지 않다. 그럼에도 드라마를 보는 사람들은 모두 착하고 정직하고 순수하고 심지어 예쁘기까지 한 여주인공에게 빙의하여 그녀의 사랑이 해피엔딩으로 끝나기를 간절히 바란다.

줄리아 로버츠, 리차드 기어 주연의 영화 〈귀여운 여인〉은 이런 드라마와 비슷한 구도를 가지고 있다. 아니 그보다는 좀 더 나갔다고 해야 할까. 잘나가는 사업가와 매춘부의 사랑 이야기이니까. 나는 영화를 보기도 전에 해피엔딩으로 끝날 것이라는 걸 확신했다. 배우가 줄리아 로버츠와 리차드 기어 아닌가. 이런 선남선녀가 진실한 사랑으로 맺어지지 않으면 도대체 누가 맺어진단 말인가.

돈 잘 벌고 매너 있고 잘생기기까지 한 에드워드는 거리의 매춘부 비비안을 멋진 귀부인으로 변신시킨 후 비행기를 타고 오페라를 보러 간다. 여기서 그들이 본 오페라는 베르디의 〈라 트라비아타〉. 파리 사교계의 여왕 비올레타와 순진한 프로방스 청년 알프레도의 사랑을 그린 오페라다. 차고 넘치는 오페라 중에 왜 〈라 트라비아타〉를 골랐을까. 이유는 명백하다. 주인공 비올레타의 처지가 비비안의 처지와 비슷하기 때문이다.

〈라 트라비아타〉는 프랑스 소설가 뒤마 피스의 《동백꽃 여인》이라는 소설을 바탕으로 만든 오페라다. 뒤마 피스는 스무 살 때 마리 뒤플레시스라는 코르티잔과 만나 사랑에 빠졌는데, 《동백꽃 여인》은 이 경험을 바탕으로 쓴 자전적 소설이다. 코르티잔은 왕이나 귀족 같은 상류층 남자로부터 경제적인 후원을 받으며 그들의 정부(情婦) 노릇을 하는 여자를 말한다. 하룻밤 화대를 받는 일시적인 관계가 아니라 오랜 기간 관계를 유지하며 성적 욕구뿐만 아니라 정서적, 정신적 욕구까지 충족시켜 주는 존재로 사랑에 의해 맺어진 관계가 아닌 일종의 계약관계라고 할 수 있다.

〈라 트라비아타〉의 주인공 비올레타는 코르티잔이다. 사회 통념상 평범한 가정을 꾸릴 수 없는 신분이다. 그런 여자가 어느 날 알프레도라는 평범한 청년으로부터 사랑 고백을 받는다. 비올레타는 부유한 남자들의 후원을 받으며 화려하게 살아왔지만 사실 평범한 남자와 진실한 사랑을 해 본 적이 없었다. 그런데 알프레도로부터 사랑 고백을 받고 나서 그녀는 이제까지 한 번도 느껴 보지 못한 감정을 느낀다. 이 감정을 토로하는 레치타티보(오페라에서 대사를 말하듯이 노래하는 것)의 첫 단어가 '이상해(estrano)'다.

> 이상해. 이상해. 그가 내게 해 준 말들이 아직도 내
> 마음속에 울리고 있으니 말이야. 진정한 사랑이 내게

불행을 가져올까? 불쌍한 내 영혼. 나는 어쩌면 좋지?
누구도 나를 이렇게 불타오르게 한 적이 없었어.
그전에는 몰랐던 기쁨이야. 사랑하고 사랑받는다는 것.
내가 과연 이 기쁨을 거부할 수 있을까? 그동안 누려왔던
이 공허한 생활을 유지하기 위해.

이렇게 독백한 다음 〈아! 그이인가〉라는 아리아가 시작
된다. 느린 템포로 부르는 서정적인 아리아다.

그가 그동안 내 영혼이 혼란 속에 그려 왔던 바로 그
미지의 대상인가? 순수하고 경각심 있는 그가 병을
앓고 있는 여자의 집에 들어와 그녀를 새로운 열병으로
불타오르게 하고, 그녀를 사랑에 눈뜨게 했어. 우주를
뒤흔드는 그러한 사랑. 신비스러운 지고의 사랑. 내
마음에 근심과 기쁨이 되는 그런 사랑.

여기까지 노래하고 난 비올레타는 다시 현실로 돌아온
다. 자기의 처지를 돌아보게 된 것이다.

미쳤어. 미친 짓이야. 내가 무슨 헛소리를 하고 있는

3장 자유로움이 나에게 주는 것들

거지? 불쌍한 여자. 파리라는 사막에 나 혼자 버림받았어.
내게 바랄 게 뭐가 남아 있을까? 어쩌면 좋지? 그래.
쾌락이야. 쾌락으로 끝장내는 거야.

비올레타는 갈등한다. 알프레도의 사랑 고백이 싫지
않으면서도, 코르티잔으로 살면서 다른 남자에게서 느껴보
지 못했던 감정을 처음으로 느끼면서도 쉽게 그 사랑을 받
아들이지 못한다. 물론 그녀는 코르티잔으로 돈 많은 남자
의 후원을 받으며 화려하게 사는 삶이 공허하다는 것을 알
고 있다. 그런데도 쉽게 알프레도의 사랑을 받아들이지 못
하는 것은 자신이 없기 때문이다. 게다가 지금 병까지 앓고
있는 처지 아닌가. 레치타티보에서 한탄했듯이 "파리라는
사막에 혼자 버려져 있는" 불쌍한 여자다.

온갖 감정을 오가며 끊임없이 갈등하던 비올레타는 결
국 결론을 내린다. 진실한 사랑이니 뭐니 다 필요 없고 그
냥 생긴 대로 '언제나 자유롭게' 쾌락을 추구하며 살겠다는
것이다.

언제나 자유롭게 기쁨을 좇아 날아다닐 거야. 남은 삶을
쾌락의 길을 따라 걸으며 살고 싶어. 하루가 시작되든

저물든 간에 영원히 웃음과 기쁨에 도취되어 살고 싶어.
새로운 스릴에서 영혼의 힘을 얻을 거야.

〈언제나 자유롭게〉는 소프라노가 자신의 기교를 마음껏 뽐낼 수 있는 콜로라투라 아리아의 꽃이다. 제목처럼 노래가 자유분방하고 화려하다. 이제까지 남 눈치 보지 않고 내 마음대로 자유롭게 살아왔던 것처럼 앞으로도 계속 그렇게 살겠다는 비올레타의 결심이 16분음표로 상승과 하강을 반복하는 화려한 패시지에 생생하게 실려 있다.

이렇게 화려한 결론에 도달하기 전까지 비올레타의 마음은 설렘과 망설임, 희망과 절망, 비탄과 체념 사이에서 갈팡질팡했다. 그러다가 결국 체념하기로 한 것이다. 일단 체념을 하면 그 동안 마음을 옥죄었던 온갖 상념으로부터 자유로워지는 법이다. 비올레타는 '그래. 지금까지 그랬던 것처럼 앞으로도 내 마음대로 자유롭게 살 거야' 이렇게 다짐하며 화려한 콜로라투라 아리아를 뽑아낸다.

그런데 바로 그때, 밖에서 알프레도의 노랫소리가 들린다. 그녀가 앞에서 불렀던 바로 그 노래다.

우주를 뒤흔드는 그러한 사랑.

3장 자유로움이 나에게 주는 것들

신비스러운 지고의 사랑.

내 마음에 근심과 기쁨이 되는 그런 사랑.

알프레도의 노랫소리에 비올레타의 마음이 흔들린다. "아!"하고 탄식하며 잠시 머뭇거리지만 이내 마음을 고쳐 먹는다. 알프레도의 사랑 고백을 애써 외면하면서 앞에서 불렀던 것보다 더 강력하고 화려한 멜로디로 '언제나 자유롭게' 살 것이라고 노래한다.

이 대목을 들을 때마다 이런 생각이 든다. 이것이 정말 진정한 자유일까? 하루하루 쾌락을 좇아 사는 삶을 진정한 자유라고 할 수 있을까? 오히려 이런 삶을 청산하고 진실한 사랑을 찾아 용감하게 떠나는 것이 진정한 자유가 아닐까? 물론 비올레타도 그것을 알고 있다. 다만 두려운 것이다. 그래서 그토록 공허하게 자유를 외치는 것이다. 자유를 외치는 그녀의 목소리가 화려하면 화려할수록 우리는 그 이면에 숨어 있는 두려움의 실체를 더 선명하게 보게 된다.

자유롭게 살겠다는 비올레타의 공허한 결심은 알프레도의 극진한 사랑 앞에 무너지고 만다. 그 후 비올레타는 코르티잔 생활을 청산하고 파리 근교에서 알프레도와 동거에 들어간다. 온갖 겉치레와 돈으로부터 자유로운 진정한 삶을 선택한 것이다. 그런데 이런 행복도 잠시뿐, 알프레도의 아버지 제르몽의 방해로 두 사람은 헤어지게 된다. 그 후 병이 깊어진 비올레타는 뒤늦게 찾아온 알프레도와 제르몽 앞에서 숨을 거둔다.

진정으로 자유로운 삶을 선택한 결과가 늘 해피엔딩으로 끝나는 것은 아니다. 어둠 속에서 홀로 외롭게 죽어간 비올레타처럼 혹독한 대가를 치르기도 한다. 평온하지만 왠지 지루하고 알맹이가 없는 공허한 삶을 살 것인가 아니면 힘들지만 진정으로 나답게, 내가 원하는 일을 하면서 자유롭게 살 것인가. 이것은 결국 선택의 문제인 것 같다. 물론 어느 쪽을 선택하든 가지 않은 길에 대한 후회는 있을 것이다. 하지만 내가 살고 싶은 대로, 자유롭게 살아본 다음에 후회하는 게 그렇지 않은 것보다 더 낫지 않을까?

본 윌리엄스 〈바다 교향곡〉
R. Vaughan Williams 〈Sea Symphony〉

바다, 자유와 도전의 또 다른 이름

노르웨이 수도 오슬로의 남서쪽 뵈그데이 반도에는 노르웨이의 역사를 보여주는 박물관 다섯 개가 모여 있다. 그래서 이 지역을 박물관 지구라고 부른다. 이 박물관 중에서 가장 많은 사람들이 찾는 곳은 프람호 박물관이다. 프람호는 난센과 아문센이 남북극을 탐험할 때 타고 갔던 배다. 난센과 아문센은 노르웨이 탐험의 역사를 새로 쓴 탐험가로 알려져 있다. 이건 여담인데, 이 동네 사람들 이름에는 유독 '센' 자가 많이 들어가는 것 같다. 난센, 아문센, 닐센, 입센, 안데르센, 비요르센 등. 여하튼 이렇게 '쎈' 아저씨들과 생사를 같이했던 프람호는 노르웨이의 자랑스러운 도전과 탐험의 역사를 보여주는 증거라고 할 수 있다.

프람호를 만든 사람은 난센이다. 난센은 노르웨이 해양 탐험의 아버지라 불리는 인물로 북극을 탐험하기 위해 얼음에도 끄덕하지 않는 이 배를 만들었다. 하지만 난센은 북극항로 개척에 실패했고, 그 후 아문센이 프람호를 인도받아 남극 탐험에 나섰다. 그 결과 1911년 12월 14일, 아문센은 인간 최초로 남극에 도달하는 쾌거를 이루었다.

박물관에 전시되어 있는 프람호의 갑판 위로 올라가면 배를 타고 바다 위를 항해하는 체험을 할 수 있다. 사방에서 천둥이 치고 거대한 파도가 몰려오는 것을 보니 정말 배를 타고 망망대해 한가운데 떠 있는 것 같은 느낌이 들었다. 그 순간 〈바다 교향곡〉의 첫 대목이 생각났다. 곡을 시작하자마자 합창단이 포효하듯 "보라! 바다를!"이라고 외치는데, 이 배에 탔던 탐험가들 역시 바다를 향해 이렇게 외치지 않았을까? 그들에게 바다는 두려움의 대상이 아니라 도전의 대상이었다.

〈바다 교향곡〉은 본 윌리엄스가 미국 시인 월트 휘트먼의 시에 영감을 받아 작곡한 곡이다. 휘트먼은 민주주의의 시인, 자유와 평등의 시인, 인도주의의 시인으로 통한다. 그는 자유와 평등에 바탕을 둔 개인주의의 찬미자이며, 복종을 혐오하고 저항의 복음을 소리 높이 외친 시인이었다. 이런 휘트먼의 시를 읽고 본 윌리엄스는 자유와 방황, 탐험을 지향하고, 복종과 귀환, 안정을 거부하는 그의 시 정신에 깊이 매료되었다. 특히 인간의 삶과 영혼, 자유와 평등, 개척 정신을 바다와 항해, 배에 비유한 시에 깊은 인상을 받았으며, 이에 영감을 받아 합창과 오케스트라가 함께 하는 〈바다 교향곡〉이라는 바다 찬가를 작곡했다.

보라. 바다를!

끊임없이 요동치는 가슴, 그 위에 떠 있는 배들을!

보라! 바람 속에 부풀어지며, 초록빛과 푸른빛으로

점점이 부서지는

그 하얀 항해를!

오늘 바다를 항해하는 배의 거친, 짧은 레치타티브

사납게 흩어지는 물살과 포효하는 소리로 불어제치는

바람

모든 나라의 뱃사람의 노래

펄펄 날려라! 오! 바다여. 너희 나라의 국기를!

펄펄 날려라!

모든 용감한 선장들!

슬퍼하라!

그들의 의무를 다한 배와 더불어 침몰한 모든 뱃사람들!

금관악기의 팡파르로 시작해 곧바로 합창으로 이어지는 〈바다 교향곡〉의 도입부는 듣는 사람에게 아주 강렬한 인상을 준다. 금관악기의 팡파르는 b플랫 단조에서 시작한다. 이것이 곧바로 "보라. 바다를!"이라는 합창으로 이어지는데, '바다'라는 단어에서 화음이 D장조의 으뜸화음으로 바뀌는 것이 인상적이다. 단조로 에너지를 응축해서 장조에서 거대하게 분출하는 것이다. 바다가 연출하는 강렬한 에너지를 이처럼 효과적으로 묘사한 음악이 또 있을까. 그날 프람호 갑판 위에서 나는 바다가 직접 연주하는 〈바다 교향곡〉을 눈으로, 귀로, 아니 온몸으로 들을 수 있었다.

갑판에서 환상적인 바다 체험을 한 다음 안으로 내려가 대원들이 생활하던 곳을 둘러보았다. 안에는 난센과 아문센을 비롯한 대원들이 지냈던 방과 부엌, 작업실, 화장실, 식당, 살롱 등이 있었다. 살롱에 피아노가 한 대 놓여 있는 것이 눈에 뜨였다. 아문센이 즐겨 치던 피아노라고 한다. 피아노 위에 악보가 놓여 있는데, 1905년 미국에서 유행한 〈In shade of the old apple tree〉라는 노래였다. 아문센은

이 노래를 정말 좋아해서 피아노로 자주 이 노래를 쳤다고 한다. 밖에 있는 전시실에는 남북극 탐험의 과정을 자세히 보여주는 도표와 사진, 그때 사용했던 장비들이 있었다.

여기서 눈길을 끄는 것은 아문센과 영국 탐험가 스콧의 남극 탐험 일정을 연대별로 비교해 놓은 표였다. 아문센은 영국의 탐험가 스콧과 남극 정복을 두고 경쟁을 벌였는데 최종 승자는 아문센이었다.

아문센이 남극에 도달한 지 한 달 뒤인 1월 17일 스콧 일행도 남극점에 도착했다. 하지만 이들은 식량 부족과 추위로 끝내 귀환하지 못하고 남극에서 최후를 맞았다. 스콧이 아문센과의 경쟁에서 패배한 이유에 대해서는 이런저런 말들이 많다. 똑같이 남극 탐험에 나섰지만 두 탐험대는 대원의 구성도 다르고, 장비도 다르고, 목적도 달랐다. 아문센의 탐험대가 스키 선수, 개 썰매 대회 우승자와 같은 한랭 지역 전문가들로 구성된 것에 반해 스콧의 탐험대는 지질학자, 기후학자, 자연생태학자들로 구성되어 있었다. 말하자면 현장에서 뛰는 사람과 백면서생의 싸움이었던 셈이다.

또한 아문센이 몸집은 작지만 추위에 강한 개를 선택한 반면 스콧은 몸집이 큰 말을 선택한 것도 달랐다. 말은 식량 소모도 엄청날 뿐 아니라 크레바스에 한번 빠지면 꺼내기도 힘들었다. 그래서 스콧의 말들은 탐험 도중 대부분 죽었다. 결국 탐험대원들이 직접 썰매를 끌 수밖에 없었고, 그 때문에 체력 소모가 엄청났을 것이다. 게다가 스콧의 탐험대는 복장도 불량했다. 아문센의 탐험대는 순록 가죽옷을 입어 추위에 강했지만 스콧의 탐험대는 고작 모직 옷으로 남극의 혹독한 추위를 견뎌야 했다.

스콧이 남극 탐험에서 너무 많은 일을 하려고 한 것도 패착이었다. 아문센은 탐험 그 자체를 목표로 했지만 스콧은 남극의 생태계에 대한 조사와 연구를 병행하려고 했다. 남극 탐험 하나만으로도 벅찰 텐데 너무 욕심을 부린 것이다. 실제 스콧이 사망할 당시 갖고 있던 것 중에는 남극에서 채취한 광물도 있었다고 한다.

전시장에서 스콧이 남긴 마지막 편지와 일기를 찍은 사진도 볼 수 있었다. 죽음을 앞둔 극한의 상황에서 혼신의 힘을 기울여서 쓴 마지막 편지였다. 편지글 중에 "우리는 신사답게 죽을 것이다(We shall die like gentlemen)."라는 문장이 눈에 들어왔다. 혼미해지는 정신을 간신히 붙잡고 마지막까지 인간으로서의 존엄성을 잃지 않으려고 했던 스콧 대령의 투혼에 가슴이 뭉클했다.

사람들은 아문센을 승리자, 스콧을 실패자라고 한다.

아문센이 스콧보다 먼저 남극점에 도착한 것은 사실이니까. 하지만 아문센보다 늦게 도착했다고 해서, 무사히 귀환하지 못하고 현지에서 죽었다고 해서 그를 실패자라고 할 수 있을까? 역사는 1등만을 기억한다고 하지만 나는 그렇게 생각하지 않는다. 등수보다 중요한 것은 그가 어떤 일을 했느냐에 있다.

스콧의 탐험대는 인류를 위해 상당히 의미 있는 일을 했다. 특히 학문적 성과가 뛰어났다. 모두 12명으로 이루어진 스콧 탐험대의 극지 과학 탐사팀은 남극에서 모두 2,109종류의 동물들을 관찰하고 이를 기록을 남겼으며, 각종 바위 샘플들, 펭귄알들, 식물 화석들을 채집하고 남극 동물들의 생태를 관찰했다. 이들이 채취한 식물 화석으로 2억 5천만 년 전에는 이 지역의 기후가 따뜻했다는 것이 밝혀지기도 했다.

생전에 스콧은 "내가 생각하는 가장 좋은 죽음은 자신이 원하는 일을 추구하는 과정에서 죽는 것이다."라고 말했다고 한다. 이런 자신의 말대로 그는 원하는 일을 하다가 죽어 지금 차가운 남극의 눈 속에 누워 있다. 아문센 역시 조난당한 다른 탐험가를 구하러 비행기를 타고 나갔다가 실종되었다. 나중에 수색대가 아문센이 타고 갔던 비행기의 잔해는 발견했지만 아문센의 시신은 끝내 발견하지 못했다.

난센, 아문센, 스콧, 휘트먼, 본 윌리엄스. 자유와 도전 정신에 충만했던 이들은 늘 바다를 지향했으며, 영원히 항구로 돌아오는 것을 거부했다. 그들은 갔지만 그들의 배는 여전히 바다 위에 떠 있다. 거친 파도와 싸우며 미지의 땅을 탐험하기 위해.

4장

살다 보면 때론 웃음이 필요해

카를 오르프 ⟨카르미나 부라나⟩ 중 ⟨백조 구이의 노래⟩
Carl Orff ⟨Olim lacus colueram⟩ from ⟨Carmina Burana⟩

나도 왕년에는 잘나갔지

지구가 지금보다 5세기에서 10세기가량 더 젊었을 때, 사람들은 어떻게 살았을까? 그때도 지금처럼 부와 명예에 집착하고, 무익한 사랑과 증오에 헛된 시간을 바쳤을까?《중세의 가을》을 쓴 호이징거에 의하면 이 시절에는 불행에서 행복까지의 거리가 지금보다 훨씬 멀었다고 한다. 재난과 빈곤을 줄일 수 있는 방법도 지금보다 적었고, 고통은 훨씬 무섭고 잔혹했으며, 빛과 암흑, 침묵과 소요의 대조도 오늘날보다 훨씬 컸다고 한다. 그러면서 호이징거는 말한다. "현대의 도시들은 중세적인 절대적 암영이나 절대적 침묵을 알지 못하고, 그 아득한 빛이나 의심이 던져 주는 효과를 알지 못한다."라고.

호이징거의 말처럼 우리는 중세의 그늘, 중세의 고통, 중세의 암흑을 잘 알지 못한다. 우리가 알고 있는 중세는 경건하고 화려하고 웅장하고 영웅적이다. 현대의 도시 한복판에 우뚝 서 있는 중세의 교회와 그 안을 장식하고 있는 예술품들은 하나같이 그 시대가 종교적 광휘에 가득 찬 시대였다고 얘기하고 있다.

중세는 기독교의 시대였다. 기독교가 중세 사람들의 생활 속에 깊이 뿌리 내리고 있었다. 종교의 자유가 있는 요즘과는 달리 당시에는 마을 사람들 모두가 신자였다. 어딜 가나 마을의 중심에는 크고 웅장한 교회가 그로테스크하게 서 있었다. 사람들은 주일마다 교회에 가서 현란한 스테인드글라스 그늘 아래 쭈그려 앉아 웅장한 오르간 소리와 성가대의 합창 소리를 들으며 자신이 신 앞에 얼마나 미천한 존재인지를 확인하곤 했다.

그렇다고 중세 사람들이 마냥 경건한 생활만 했던 것은 아니다. 그들도 인간이니 교회의 손이 미치지 못하는 곳에서는 보다 자유롭게 세속적인 욕망을 표출했을 것이다. 호이징거의 말대로 이 시대에는 암흑과 고통이 지금보다 훨씬 가혹했다. 그러니 그 무섭고 잔혹한 현실에서 벗어날 수 있는 해방구가 필요했을 것이다. 물론 그곳이 교회는 아니었다. 당시 교회의 예배 의식은 사람들을 억압하고 주눅들게 하는 데 최적화되어 있었으니까.

교회 밖의 세계는 다분히 노골적이었다. 그 노골적인 무대의 중심에 인간의 욕망을 적나라하게 묘사하며 시대의 퇴락을 비웃던 골리아드가 있었다. 골리아드는 10세기 후반부터 13세기 중반까지 유럽 여기저기를 떠돌아다니며 라틴어 시와 노래를 직접 만들어 불렀던 방랑시인들을 말한다. 주로 프랑스와 독일, 잉글랜드, 이탈리아 북부 지방에서 활동했는데, 상당한 수준의 교육을 받은 학자와 성직자로 구성되어 있었다. 이렇게 학식을 갖춘 사람들이 돌아다니면서 술, 여자, 사랑, 봄, 축제, 도박 등에 대한 노래를 불렀다. 현실에 대해 냉소적인 태도를 가지고 때로는 노래 속에서 종교적인 문제나 도덕적인 문제를 다루었으며, 토론과 풍자, 논쟁과 훈계를 즐겼다.

이 시대 골리아드가 어떤 부류의 사람들이었는지는 다음과 같은 〈골리아드의 신앙고백〉을 통해 잘 알 수 있다.

"내 이상(理想)은 술집에서 술을 마시다 죽는 것이다. 술이 반드시 있어야 한다. 기분이 우울할 때 필요한 것이

술이다. 천사들이 내 허약함을 손가락질하며 '주여, 이 주정뱅이를 용서하소서. 이 작자는 어찌할 도리가 없는 망나니입니다.' 이렇게 외치지만 술잔은 정신의 봉화를 비추어 주고, 향주 몇 모금은 내 마음을 하늘로 끌어 올린다. 술에 물을 타지 말아라. 신경통 걸린 양반이 걱정스럽게 말한다. 아이고, 나는 물 탄 것이 싫어. 급사야, 내 말 알아들었냐?"

이것을 보아도 알 수 있는 것처럼 중세의 골리아드는 우리나라의 '땡땡이 중'과 같은 사람들이었다.

상당한 수준의 학식을 갖추고 안정된 생활을 할 수 있음에도 불구하고 그들은 방랑의 길을 택했다. 한마디로 당대의 자유주의자들이었던 셈이다. 애써 지킬 것이 없으니 몸도 마음도 자유로웠다. 그래서 거침없이 술과 여자에 대해 노래하고 기분 내키면 입바른 소리도 했다.

지난 1803년, 독일 뮌헨의 베네딕트 보이에른 수도원에서 수백 년 동안 암흑 속에 갇혀 있던 골리아드의 시가집이 발견되었다. 이 시가집은 대략 13~4세기에 만들어졌을 것으로 추정된다. 시가집에 실려 있는 시는 무려 250편이나 되는데, 도덕적 풍자시, 연애시, 술자리의 노래, 유희의 노래, 종교적인 극시 등으로 이루어져 있다.

1937년, 독일의 작곡가 카를 오르프는 이 중 24개의 시를 발췌해서 〈카르미나 부라나〉라는 칸타타를 작곡했다. 카르미나(Carmina)는 라틴어로 '노래'라는 뜻을 가진 '카르멘(Carmen)'의 복수형이고 부라나(Brana)는 '보이에른(Beuren)'이라는 단어를 라틴어 식으로 바꾼 것이다. 따라서 '카르미나 부라나'는 '보이에른의 노래들'이라는 뜻이 된다.

〈카르미나 부라나〉에 들어있는 골리아드 시가집에 들어있는 노래를 보면 사람 사는 것이 예나 지금이나 별반 차이가 없다는 생각을 하게 된다.

자, 우리 다 함께 공부를 하지 말자!
빈둥빈둥 노는 게 훨씬 재미있잖아.
젊었을 때는 달콤한 것을 즐기고
골치 아픈 문제는 늙은이들에게 넘기자!
그래. 공부는 시간 낭비야.
여자와 술이 좋지.

사랑의 황금빛 신께서는
무엇이든 하실 수 있어.

내가 두 손을 내밀었을 때

그분께서 과연 무엇을 주셨을까?

여자를 주셨지.

그녀에게 나도 뭔가 주어야겠다.

절대 잊지 못할 것을.

이렇게 중세 사람들도 공부하기 싫어하고 유흥을 좋아했다. 우리처럼 신세 한탄을 하고, 사랑 타령을 하고, 허세를 부리고, 후회하고, 자책하고, 술을 마시고, 술에 취하고, 헛소리를 했다. 중세의 남녀들도 서로에게 추파를 던졌고, 중세의 꼰대들은 젊은이에게 훈계를 늘어놓았으며, 중세의 도박꾼들도 한탕을 노리다 알거지가 되었다. 그렇게 골리아드의 시는 로마네스크 양식이나 고딕 양식의 교회에서는 볼 수 없었던 생생한 중세, 사람 사는 세상으로써의 중세를 보여준다.

그중에서도 중세 사람들의 인간적인 면모를 가장 생생하게 들여다볼 수 있는 것은 제2부 〈선술집에서〉다. 여기에는 술집에 가면 볼 수 있는 온갖 인간 군상들이 다 등장한다. 지금과 마찬가지로 중세의 술집 역시 허세 부리는 인간들의 집합소였다. 허세를 부리는 방식도 지금과 비슷했다.

"내가 누군지 알아?"라며 현재의 신분을 과시하는 인간, "나 왕년에 엄청 잘나갔거든." 이라며 과거의 이력을 내세우는 인간, "너 유명인 아무개 알지? 사실은 소싯적에 내가 키운 애야."라고 유명인과의 인맥을 과시하는 인간들이 있었다.

이 중에서 '왕년에 엄청 잘나갔던' 인간을 백조에 빗댄 노래가 있다. 백조는 새들의 여왕과 같은 존재다. 호수에서 유유히 헤엄치고 있는 백조의 모습을 상상해 보라. 얼마나 아름답고 우아한가.

노래는 백조가 이렇게 우아하고 아름다웠던 자신의 '리즈 시절'을 회상하는 것으로 시작한다. 그런데 노래가 시작되기 전에 나오는 전주가 심상치 않다. 파곳이 익살스러운 느낌을 주는 음형을 연주하는데, 백조의 우아한 자태와는 거리가 멀다. 마치 죽어 가는 새의 신음 같다.

난 옛날에 호수에서 살았어.
그때 정말 아름다웠지.
내가 백조였거든.

테너가 이렇게 소리 높여 노래하고 나면, 남성 합창이

후렴을 받는다.

불쌍하구나. 불쌍해. 지금은 불에 까맣게 구워지고
있구나.

아니. 이게 무슨 소리지? 백조가 까맣게 불에 구워지
고 있다고? 그렇다. 지금 백조는 호수에서 잡혀와 바비큐
가 되고 있는 중이다. 그런데 그런 절체절명의 순간에도 백
조는 "나도 왕년에는 잘나갔었어."라고 떠벌린다. 하지만
그게 무슨 소용이랴. 지금은 장작불 위에서 통으로 구워지
고 있는 것을. 그것을 지켜보는 사람들이 측은지심을 느낀
다. 그래서 이구동성으로 "불쌍하구나. 불쌍해!"를 외친다.
백조는 불 위에서 서서히 죽어 간다. 한 절이 끝날 때
마다 나오는 간주가 날개를 푸드덕거리며 죽어 가는 새의
모습을 생생하게 묘사한다.

시종이 나를 꼬챙이에 꿰서 돌리고 있네.
장작 위에서 까맣게 구워졌어.
이제 웨이터가 나를 내갈 준비를 하는구나.
(후렴)

불쌍하구나. 불쌍해. 지금은 불에 까맣게 구워지고
있구나.

나는 이제 접시 위에 누워 있다.
더 이상 날지도 못하고.
나를 먹어 치울 이빨들만 바라보고 있구나.
(후렴)
불쌍하구나. 불쌍해. 지금은 불에 까맣게 구워지고
있구나.

클래식 음악에는 백조를 묘사한 것들이 꽤 많다. 그리고 그 음악들은 모두 하나같이 아름답고 우아한 선율을 자랑한다. 하지만 골리아드가 그린 선술집의 백조는 이와는 사뭇 다르다. 까맣게 타서 바비큐가 된 백조다. 카를 오르프는 이렇게 통구이가 된 백조를 코믹한 음악으로 묘사했다. 호수를 유유히 헤엄치고 있을 때 누가 이런 최후를 상상했으랴. 그러나 우리의 젊음도, 우리의 화려한 시간도 눈 깜빡할 사이에 지나간다. 그러니 우리 세월 앞에 오만해지지 말자.

요한 슈트라우스 2세 〈무궁동〉
Johann Strauss II 〈Perpetuum Mobile〉

요한 슈트라우스의 목운동이라고?

세상에는 다양한 사기꾼들이 있다. 이들이 사기를 치는 수
법은 실로 다양한데, 사람들이 가장 잘 속는 것이 과학기술
을 표방한 사기이다. 1738년, 자크 드 보캉송이라는 프랑스
사람은 플루트를 연주하는 정교한 자동인형을 만들었다.
태엽으로 작동하는 이 인형은 손가락과 입술, 근육의 움직
임이 진짜 사람하고 똑같아 사람들을 놀라게 했다. 물론 여
기까지는 사기가 아니라 진짜였다.

하지만 보캉송은 여기서 멈추지 않았다. 자기가 만든
자동인형이 숭배와 감탄의 대상이 되는 것을 보고 욕심을
부렸다. 그래서 '배설하는 오리'라는 것을 만들었다. 이 기

계 오리는 음식물을 먹으면 그 자리에서 소화시켜 배설까지 하는데, 이것을 보고 사람들은 또 한 번 놀랐다. 하지만 이 오리는 후대 사람들에 의해 사기라는 것이 밝혀졌다.

배설하는 오리에 이어서 체스 두는 인형이 나왔다. 물론 이것도 사기였다. 실제로는 그 인형 안에 체스의 고수가 숨어 있던 것이다. 지금 우리는 이런 인공지능이 당시의 기술력으로 불가능하다는 것을 알고 있지만 옛날 사람들은 달랐다. 이 인형이 정말 '생각을 하고' 체스를 둔다고 믿었다. 나폴레옹조차 체스 인형에 속아 넘어갈 정도였으니 말이다.

그런가 하면 영원히 에너지가 공급되는 기계를 발명했다고 사기를 치는 사람도 있었다. 사기꾼의 말대로 외부로부터 에너지를 공급받지 않고 스스로 움직이는 기계가 있다면 얼마나 좋을까. 그러면 더 이상 치솟는 기름값을 걱정할 필요도 없고, 에너지 고갈을 염려할 필요도 없을 것이다. 이렇게 영원히 움직이는 무한동력 에너지 즉, 영구기관(perpetuum mobile)은 인류의 오랜 꿈이었다. 오래전부터 많은 수학자, 과학자들이 영구기관을 만들기 위해 노력했다. 영구기관에 도전한 사람들은 '평형이 유지되지 않는 바퀴'를 이용해 영원히 회전하는 엔진을 만들 수 있다고 생각했다. 불균형 상태가 운동을 일으키고, 이 운동이 다시 새로운 불균형 상태를 만들어 결국 영원히 바퀴를 움직이게 한다는 것이 이들의 생각이었다.

그런가 하면 한 번 쓴 에너지를 계속 재활용해 영원히 멈추지 않는 기관을 만들려는 시도도 있었다. 하지만 이런 모든 시도들은 에너지가 그 형태를 바꾸거나 한 물체에서 다른 물체로 옮겨 가도 전체 에너지의 양에는 변함이 없다는 에너지 보존의 법칙에 의해 실현 불가능한 것임이 밝혀졌다.

그럼에도 영구기관은 쉽게 포기하기에는 너무 매력적인 주제였다. 특히 과학에 호기심이 많은 사람들이 이 불가능한 일에 매력을 느꼈다. 르네상스 시대의 화가 레오나르도 다빈치도 그중 하나였다. 사실 다빈치는 화가라기보다는 발명가라고 하는 편이 더 나을 정도로 기발하고 독창적인 발명품을 많이 만든 것으로 유명하다. 그의 발명품은 대포, 장갑차, 기중기, 자동수레, 무대장치, 자동 드럼, 인쇄기에 이르기까지 그 종류가 다양하다. 이 중에서 가장 놀라운 것은 자동 드럼이다. 이 자동 드럼은 연주할 리듬을 미리 프로그래밍할 수 있었는데, 컴퓨터도 없던 시절에 프로그래밍까지 가능한 악기를 만들었다니 놀라운 일이 아닐 수 없다.

사실 다빈치는 공개 석상에서는 영구기관 발명가들을 '뜬구름을 쫓는 사람들'이라고 비난했다. 하지만 뒤로는 남 몰래 혼자서 영구기관을 만들려고 끙끙거렸다. 다빈치의 스케치북에는 그가 영구기관을 설계하기 위해 고군분투했던 흔적이 남아 있다. 이렇게 영구기관은 과학적 호기심이 많은 사람이라면 누구나 도전하는 필생의 과제였다.

다빈치와는 다르게 오로지 남을 속일 목적으로 영구기관을 이용하는 사람도 많았다. 그중에서 가장 크게 사기를 친 사람은 존 켈리라는 미국 사람이었다. 그는 1872년에 자신이 영구기관을 만들었다고 투자자들을 속여 무려 5백만 달러라는 거금을 가로챘다. 과학적 지식이 전혀 없었음에도 일반 사람들이 알지 못하는 현란한 전문 용어를 써가며 투자자들을 현혹했다고 한다. 나중에 투자자들이 사기라는 것을 알아차렸지만 그때는 이미 그가 투자금을 모두 유흥비로 탕진한 후였다.

지금도 영구기관을 만드는 데 성공했다는 소식이 종종 들려온다. 이 사람들은 이 기술로 특허를 신청하기도 하는데, 각 나라 특허청들은 이런 사람들의 무분별한 특허 신청을 막기 위해 나름대로 조치를 취하고 있다. 프랑스 특허청은 아주 오래전부터 영구기관에 관한 특허 신청을 받지 않고 있으며, 미국에서는 서류와 함께 반드시 실물을 제출해야 한다는 규정을 두고 있다. 우리나라의 경우, 영구기관에 대한 규정이 특별히 마련되어 있지는 않지만 '산업상 이용할 수 있는 발명을 특허로 인정한다'는 규정을 근거로 영구기관에 대한 심사를 하지 않고 있다.

영구기관은 이미 실현 불가능한 꿈이라는 것이 밝혀졌다. 그런데 이렇게 과학적으로 폐기 처분된 영구기관에서 창작의 아이디어를 얻은 사람들이 있었다. 바로 작곡가들이다. 현실적으로 무모한 과학적 호기심이 그들에게 참신한 영감을 주었던 것이다. 여기서 작곡가들이 주목했던 것은 '끊임없이 움직이는 물체'의 이미지였다. 그래서 이런 이미지를 생생하게 그린 음악을 만들었으니 그것이 바로 〈무궁동〉이다.

레거의 피아노 독주를 위한 〈무궁동〉, 벨라 바르톡의 피아노 연습곡 〈미크로코스모스〉 중 〈무궁동〉, 베버의 〈피아노 소나타 제1번〉 4악장 〈무궁동〉, 요한 슈트라우스의 〈무궁동〉, 파가니니의 바이올린과 기타를 위한 〈무궁동〉, 노바체크의 바이올린과 오케스트라를 위한 〈무궁동〉 등이 대표적인 〈무궁동〉 작품이다.

작곡가가 다르고, 연주 악기도 다르지만 〈무궁동〉은 모두 비슷한 이미지를 보여준다. 바로 규칙적이고 빠르게 움직이는 물체의 이미지이다. 〈무궁동〉에서는 4분음표를 잘게 쪼갠 16분음표 혹은 32분음표의 짧은 음들이 규칙적인 박자에 맞추어 빠르게 움직이면서 같은 음형을 반복한다. 물체의 지속적인 움직임을 이런 방식으로 표현한 것이다.

〈무궁동〉 중에서 가장 유명한 작품은 요한 슈트라우스의 폴카 〈무궁동〉이다. 이 곡에 슈트라우스는 '음악으로 하는 농담'이라는 부제를 붙였다. 과학의 영역에서는 심각한 주제지만 음악에서는 이것이 농담의 소재가 된다. 그래서 이 곡을 연주할 때 지휘자들이 재미있는 제스처를 쓰기도 한다. 영원히 끝날 것 같지 않은 음악을 지휘하며 "이거 언제 끝나지?" 하고 손목시계를 보기도 하고, "내가 지휘 안 해도 오케스트라가 알아서 연주할 거야."라는 의미로 지휘를 멈추기도 한다. 심지어는 오케스트라가 혼자 연주하도록 내버려두고 지휘자가 퇴장하기도 한다.

연속 재생을 누른 듯 끊임없이 계속되는 음악을 들으며 관객들은 이 음악이 언제, 어떤 방식으로 끝날까 궁금해한다. 바로 이 지점에서 지휘자와 오케스트라의 유머 감각이 발휘되기도 한다. 사실 이 곡은 계속 도돌이표처럼 반복되어도 이상할 것이 없는 곡이다. 끝나는 부분이 명확하지 않다. 아니, 어쩌면 이 곡은 영원히 끝나지 않을지도 모른다. 그렇게 물레처럼 돌고 또 돈다. 자유롭게 열 번, 스무번 반복해도 되고, 아무 때나 끝내도 된다. 한참 연주하다가 수석 바이올리니스트가 일어나서 관객에게 "이하 동문입니다."라고 말하고 끝내기도 한다. 그러면 객석에서 폭소가 터져 나온다. 이렇게 음악 중에는 지루한 일상의 오아시스 같은 웃음을 선사하는 것이 있다. 그렇게 한 바탕 웃고 나면 스트레스가 싹 풀린다.

마지막으로 〈무궁동〉이라는 제목에 대해 한마디 하고자 한다. 클래식에 대해 어느 정도 아는 사람은 〈무궁동〉이라는 말이 낯설지 않지만 일반인들에게 〈무궁동〉이라고 하면 그게 무슨 말이야? 하는 사람이 많을 것이다. 이것은 '끝이 없음'이라는 의미의 '무궁(無窮)'과 '움직이다'라는 의미의 '동(動)'을 합쳐서 만든 말이다. '끝없이 움직인다'라는 뜻인데, 사실 번역을 그렇게 썩 잘했다는 생각은 안 든다. 들었을 때 의미가 확 가슴에 와닿지 않기 때문이다. 그래서 그런지 〈무궁동〉을 잘못 알아듣는 사람도 있다.

오래전 방송국에서 클래식 음악 프로그램을 맡았을 때의 일이다. 한 청취자가 희망곡을 신청했는데 엽서에 "요한 슈트라우스의 〈목운동〉 들어 주세요."라고 쓴 것을 보았다.

무궁동을 목운동으로 들은 것이다. 그럴 만도 하지. 제목이 너무 어렵잖아. 그런데 목운동도 나쁘지 않네. 이참에 요한 슈트라우스의 〈무궁동〉에 맞추어 '목운동'을 해 보는 건 어떨까?

구스타프 말러 〈어린이의 이상한 뿔피리〉 중
〈물고기에게 설교하는 파도바의 성 안토니우스〉
Gustav Mahler 〈Des Antonius von Padua Fischpredigt〉
from 〈Des Knaben Wunderhorn〉

설교에 감동받고, 여전히 죄를 짓고

가톨릭 성인 중에서 성 안토니우스라는 인물이 있다. 그는 13세기에 살았던 포르투갈 출신의 사제로 이탈리아의 파도바를 중심으로 활동했다. 그는 탁월한 설교자였다. 워낙 언변이 좋아 당대에 그를 능가할 설교자가 없다는 평판을 받을 정도였다. 성경에 대한 해박한 지식과 감동적인 설교로 가는 곳마다 사람들의 칭송을 받았는데, 특히 이교도 사람들을 개종시키는 데 특별한 능력을 보였다고 한다.

성인의 일대기에는 늘 전설이 따라붙게 마련이다. 성 안토니우스 경우도 그랬다. 그에 대한 전설은 그가 탁월한 능력을 발휘했다는 설교와 관련된 것이었는데, 그것이 바로 '물고기에게 설교하는 파도바의 성 안토니우스'이다. 여기에는 다음과 같은 이야기가 전해 내려온다.

어느 날, 성 안토니우스가 이탈리아의 리미니라는 곳에서 설교를 하게 되어 있었다. 하지만 리미니 사람들은 그를 비웃고 설교를 들으러 오지 않았다. 교회가 텅 비어 있는 것을 본 성 안토니우스는 발길을 바닷가로 돌렸다. 그러자 물고기들이 몰려들었다. 설교를 잘한다는 소문이 바다에까지 퍼졌던 모양이다. 드디어 설교가 시작되었다. 물고기들은 고개를 물 밖으로 내밀고 미동도 하지 않은 채 열심히 설교를 들었다. 물고기들은 설교가 끝날 때까지 자리를 지켰다. 그리고 마지막 축복 기도까지 받고 돌아갔다.

이 전설을 통해 우리가 알 수 있는 것은 무엇일까? 귀한 말씀을 듣고자 하는 열의가 인간이 물고기보다 못하다는 것 그리고 성 안토니우스의 설교가 물고기를 감동시킬 정도로 대단했다는 것이 아닐까 싶다. 하지만 이것을 다른 식으로 받아들일 수도 있다. 얼마나 궁했으면 물고기한테까지 갔을까? 말귀를 못 알아듣는 물고기에게 설교를 하다니 정말 우스꽝스러운 일이구나. 이렇게 생각할 수도 있다는 것이다.

어떤 이야기가 오랜 세월, 여러 사람의 입을 거쳐 여러

지역으로 퍼지다 보면 이야기의 성격이 바뀌는 경우가 있다. 성 안토니우스의 전설도 그렇다. 애초에 성스러운 의도에서 출발한 전설이 민간의 입에서 입으로 전해지면서 세속의 옷을 입게 되었다. 독일의 민요시집 〈어린이의 이상한 뿔피리〉에 실려 있는 〈물고기에게 설교하는 파도바와 성 안토니우스〉가 그런 것에 속한다.

1805년과 1808년 사이에 출간된 〈어린이의 이상한 뿔피리〉는 프랑크푸르트의 중세학 전문가 클라멘스 브렌타노와 프러시아의 귀족 아힘 폰 아르님이라는 사람이 독일의 각 지역을 돌며 수집한 민요를 정리, 수정해서 펴낸 것이다. 여기에는 단순한 자장가에서부터 로망스, 발라드, 이별 노래, 사랑 노래, 전설이야기, 풍자 노래, 군대풍의 노래에 이르기까지 인간의 삶과 죽음을 아우르는 다양한 형식과 내용의 노래가 실려 있다.

이 민요집은 독일 예술계에 커다란 파문을 일으켰다. 하이네 같은 시인은 "이 시집에서 독일인의 심장이 고동치는 소리를 들을 수 있다. 독일인을 이해하려는 사람이라면 누구나 이 시집을 읽어야 한다."라고 극찬했다. 그렇게 〈어린이의 이상한 뿔피리〉는 독일 후기 낭만주의 예술에 지대한 영향을 미쳤다. 많은 작곡가들이 이 민요집에 있는 시에 곡을 붙였다. 슈만은 4곡, 브람스는 6곡을 썼으며, 그 후 볼프, 슈트라우스, 쇤베르크도 이 민요시집의 가사에 곡을 붙였다. 이렇게 많은 작곡가들이 〈어린이의 이상한 뿔피리〉에 관심을 보였지만 그 양과 질에 있어서 말러만큼 이를 중요하게 다룬 작곡가는 없을 것이다.

말러는 이 시집에 나오는 일련의 시에 곡을 붙인 가곡집 〈어린이의 이상한 뿔피리〉를 출판했을 뿐만 아니라 자신의 교향곡에도 광범위하게 이것을 인용했다. 특히 그의 초기 교향곡들은 이른바 '뿔피리 교향곡'이라는 별명으로 불리기도 하는데, 제2번 〈부활〉의 3악장과 4악장, 제3번의 3악장과 5악장, 제4번의 4악장에 나오는 성악곡의 가사가 모두 이 시집에서 따온 것이다. 그런 의미에서 독일 민요시집 〈어린이의 이상한 뿔피리〉는 말러의 가곡과 교향곡, 더 나아가 그의 세계관과 음악관을 이해하는 아주 중요한 열쇠라고 할 수 있다.

〈물고기에게 설교하는 파도바의 성 안토니우스〉는 말러의 가곡집 〈어린이의 이상한 뿔피리〉에 들어 있는 곡이다. 이 곡에 대해 말러는 다음과 같이 말했다.

"새콤달콤한 유머가 이 곡에 들어 있다. 성 안토니우스가 물고기들에게 설교를 하는데, 그의 말투는 술에 취한 듯 불분명하고 뒤죽박죽이다. 얼마나 대단한 청중들인가! 뱀장어와 잉어, 대구, 이런 것들의 바보스러운 모습을 음악으로 표현하며 박장대소를 금할 수 없다."

그렇게 말러는 가톨릭에서 성인으로 추앙받고 있는 성 안토니우스를 희화화시켰다.

성 안토니우스가 교회에 설교하러 갔지만
교회 안은 텅 비어 있었다.
그래서 그는 강으로 가서
물고기들에게 설교를 했다.
물고기들의 꼬리가
햇빛에 파닥거리며 반짝였다.
알밴 잉어들이 모두 몰려와서
입을 크게 벌리고 열심히 설교를 들었다.
잉어들은 지금까지
이렇게 은혜로운 설교는 들어본 적이 없었다.
늘 싸움박질만 하는 뾰족한 코의 창꼬치도
성인의 설교를 듣기 위해 서둘러 헤엄쳐 왔다.

헤엄치는 속도가 환상적인

대구라는 놈도 나타났다.

대구는 지금까지

이렇게 은혜로운 설교는 들어본 적이 없었다.

미식가로 통하는 뱀장어와 철갑상어도

설교에 은혜를 많이 받았다.

언제나 행동이 굼뜬 게와 거북이도

설교를 듣기 위해 서둘러 위로 올라왔다.

게들은 지금까지

이렇게 은혜로운 설교를 들어 본 적이 없었다.

작은 물고기든 큰 물고기든

지체가 높은 물고기든 낮은 물고기든

알아듣기라도 하는 것처럼

모두 물 밖으로 머리를 내밀고

하나님의 말씀을 열심히 들었다.

설교가 끝나고 모두들 돌아갔다.

창꼬치는 여전히 도둑질을 하고

뱀장어는 여전히 암컷을 밝힌다.

설교에 은혜를 받았지만

모두 예전으로 돌아갔다.

4장 살다 보면 때론 웃음이 필요해

게는 여전히 굼뜨고

대구는 여전히 뚱뚱하고

잉어는 여전히 게걸스럽게 먹어 치우고

설교는 까맣게 잊어버렸다.

그들은 설교에 은혜를 많이 받았고

모두 예전으로 돌아갔다.

〈물고기에게 설교하는 파도바의 성 안토니우스〉의 가사를 보면 물고기들이 꼭 우리 인간과 비슷하다는 생각이 든다. 월요일부터 토요일까지 죄를 짓고, 일요일 날 교회 가서 회개하고 또 월요일부터 토요일까지 죄를 짓고, 일요일 날 교회 가서 회개하고. 이런 생활을 다람쥐 쳇바퀴 돌리듯 반복하기 때문이다. 교회에서 설교를 들을 때는 모두 반성 모드로 돌아가 숙연해진다. 심지어 눈물을 흘리기도 한다. 하지만 일상으로 돌아오면 언제 그랬냐는 듯 설교 말씀은 까맣게 잊어버리고 예전으로 돌아간다. 여전히 남을 욕하고, 여전히 거짓말하고, 여전히 도둑질하고, 여전히 게걸스럽게 먹고, 여전히 싸운다. 이 노래는 이런 인간을 풍자한 것이다. 말러의 음악은 가사만큼이나 재미있다. 빗자루처럼 생긴 루테라는 타악기 소리에 맞춰 낮은 음역의 파곳이 스타카토로 반주를 하고, 그 위에서 클라리넷과 플루트, 바이올린이 차례로 우스꽝스러운 선율을 연주한다. 이렇게 악기들의 수다가 끊임없이 이어지는 가운데 독창자가 노래를 부른다. 노래선율 역시 악기 선율처럼 장난기를 가득 담고 있다.

말러는 이 노래의 멜로디를 그대로 교향곡 제2번 〈부활〉의 3악장에 차용했다. 이 악장에는 〈일상의 어수선함〉이라는 제목이 붙어 있는데, 제목 그대로 아주 어수선하고 산만한 악장이다. 팀파니로 시작해 각종 타악기, 목관악기, 현악기로 이어지는 음들은 삶에 대한 조롱을 한데 버무려 놓은 듯 냉소적이다. 그리고 관악기들은 끊임없이 수다스러운 선율을 주고받는다. 영원히 끝날 것 같지 않은 이 비웃음이 그대로 현악기로 이어져 끝도 없이 계속된다.

노래를 듣고 자기 얘기와 비슷하다고 자책할 필요는 없다. 원래 인간이 그런 거니까. 그래도 물고기처럼 가끔 자기 자신을 돌아보는 시간을 가질 필요는 있다. 비록 금세 제자리로 돌아오더라도 말이다.

프란츠 슈베르트 〈송어〉
Franz Schubert 〈Die Forelle〉

위험에 빠졌을 때는 서둘러 도망가자

우리 집 세탁기에서는 경쾌한 음악이 나온다. 세탁이 끝났다는 것을 알리는 이 음악은 슈베르트의 〈송어〉이다. 〈송어〉는 독일 가곡이지만 내 나이 또래치고 이 노래를 모르는 사람은 없을 것이다. 학창 시절 음악 시간에 교과서에 실려 있는 이 노래를 배웠기 때문이다. 그런데 〈송어〉라는 노래는 알아도 이 노래의 독일어 제목이 'Die Forelle'라는 것을 아는 사람은 드물다. 성악을 전공한 사람이라면 몰라도 송어를 독일어로 알 필요는 없으니까.

　음대 출신인 나는 송어가 'Forelle'라는 것을 알고 있다. 물론 이런 걸 아는 것이 세상 사는 데 별다른 도움이 되지는 않는다. 그런데 이렇게 알아 봤자 쓸데없는 지식을 요 긴하게 써먹은 적이 있었다. 독일을 여행할 때였다. 먹거리 를 사려고 마트에 들렀다가 신선 코너에 물고기가 진열되 어 있는 것을 보았다. 여러 종류가 있었는데, 모두 독일어 로 쓰여 있어 무슨 고기인지 알 수가 없었다. 그런데 바로 그때 내 눈에 들어온 낯익은 단어. 'Forelle'였다. 순간 어찌 나 반갑던지.

"어머. 이거 송어야."

내가 탄성을 지르자 남편이 놀라는 눈치였다. Forelle 가 송어라는 걸 다 알다니! 독일어 실력 대단하네. 뭐. 이런 반응이었다.

숙소로 돌아와 마트에서 사 온 송어를 요리해 먹었다. 평소 나에게 가곡 〈송어〉는 영혼의 청량제 같은 것이었다. 그런데 그동안 영혼으로만 접하던 송어를 몸으로 직접 영 접하니 느낌이 남달랐다. 송어는 육신의 양식으로도 손색 이 없었다. 맛이 꽤 괜찮았기 때문이다.

이와 관련해 또 한 가지 재미있는 일화가 생각난다. 오 래전에 한 모임에서 있었던 일이다. 그 모임은 어떤 재일교 포 교수의 수상을 축하하는 자리였다. 그 교수의 부인은 성 악가였는데, 일본인이었다. 이 일본인 부인이 남편의 수상을 축하하는 의미에서 노래를 부르기로 했다. 노래를 부르기에 앞서 그녀가 노래 제목이 〈Die Forelle〉라고 하자 사회자가 물었다.

"Die Forelle가 한국말로 무슨 뜻이에요?"

한국말을 모르는 일본인 부인은 남편에게 뜻을 물었다. 하지만 그 남편도 명색이 한국인이지 일본에서 태어나고 자라 한국말을 잘 모르는 상태였다. 한국어 실력이 부인보다 쬐끔 나은 정도였는데, 여하튼 'Die Forelle'가 물고기라는 것은 알았던 것 같다. 조금은 자신 없는 목소리로 "글쎄, 생선?"이랬다.

"아. 그러면 슈베르트의 〈생선〉을 들으시겠습니다."

사회자의 말을 들은 사람들이 모두 의아하다는 표정을 지었다. 슈베르트가 〈생선〉이라는 곡도 작곡했나? 그것 참 희한하네. 이렇게 생각하고 있는데 노래가 시작되었다. 그 순간 사람들의 얼굴에 화색이 돌았다.

"아. 이거 〈송어〉잖아? 난 또 무슨 노래라고."

한국 사람이라면 모르는 사람이 없는 〈송어〉가 졸지에 〈생선〉된 사연이었다. 그런데 정말로 'Die Forelle'가 생선 취급받던 시절이 있었다. 아주 오래전에는 이 노래를 〈숭어〉라고 했다. 숭어는 바닷고기인 반면에 송어는 일부 바다에서 살긴 하지만 대부분 강이나 호수 같은 민물에서 산다. 노래 가사에 보면 송어가 "작은 시냇물(Bächlein)"에서 헤엄친다는 내용이 나온다. 그러니까 숭어가 아닌 송어라고 해야 맞다.

〈송어〉의 가사는 '나'라고 하는 일인칭 주인공이 시냇가에서 자기가 직접 본 광경을 묘사한 것이다. 모두 3절로 이루어져 있는데, 송어의 경쾌한 움직임을 연상시키는 피아노 전주로 시작한다. 노래의 1절에서 주인공은 시냇가에 서서 편안한 마음으로 물속에서 송어가 헤엄치는 광경을 바라보고 있다.

> 거울같이 맑은 시냇물에
> 쏜살같이 빠르게
> 부산스러운 송어들이
> 화살처럼 빠르게 헤엄치고 있었다.
> 나는 시냇가에 서서
> 편안한 마음으로
> 맑은 물속에서
> 물고기들이 헤엄치는 광경을
> 바라보고 있었다.

그런데 바로 그때 낚시꾼이 낚싯대를 들고 나타난다. 그리고 섬뜩한 표정으로 물속을 바라본다. 송어를 잡으려는 심산인 것이다. 하지만 그때까지만 해도 주인공은 별로 걱정하지 않는다. 물이 너무 맑아서 송어를 잡기 힘들 거라고 생각하기 때문이다.

> 낚시꾼 한 사람이
> 낚싯대를 들고 물가에 서서
> 섬뜩한 표정으로 물고기를 바라보고 있었다.
> 나는 물이 너무 맑아서
> 물고기를 잡기 힘들 것이라고 생각했다.
> "송어를 잡기 힘들 거야.
> 낚싯대로는 어림도 없지."

이런 평화도 잠시. 3절에서 음악의 분위기가 달라진다. 피아노의 음산한 화음 반주에 맞추어 노래가 급박한 상황이 발생했음을 알린다. 성급한 낚시꾼이 흙탕물을 일으킨 것이다. 졸지에 혼란에 빠진 송어들이 우왕좌왕하다가 순식간에 낚싯대에 걸려든다. 그 광경을 본 주인공의 속이 부글부글 끓어오른다. 화가 나서 그 '도둑놈' 아니 '사기꾼'

을 노려본다.

> 기회를 엿보던 그 도둑놈은
> 시간이 길어지자 참지 못하고
> 시냇물에 흙탕물을 일으켰다.
> 눈 깜짝할 사이에
> 낚싯대가 흔들리더니
> 작은 물고기들이 잡혀 올라왔다.
> 나는 부글부글 끓는 심정으로
> 그 사기꾼을 노려보았다.

가사의 뜻을 잘 모르고 슈베르트의 〈송어〉를 들으면 이 노래가 물속에서 즐겁게 헤엄치는 송어의 모습을 그린 것이라고 생각하기 쉽다. 3절의 도입부를 제외하고 대부분의 멜로디가 경쾌하고 발랄하게 흘러가기 때문에 그렇다. 하지만 가사를 자세히 들여다보면 약간 이상하다는 생각을 하게 된다. 낚시꾼에 대한 주인공의 적개심이 잘 납득이 되지 않기 때문이다. 아니. 낚시꾼이 송어를 잡을 수도 있지 그렇다고 도둑놈이니 사기꾼이니 하며 욕을 할 필요가 있을까. 너무 심한 거 아니야.

그런데 이것을 일종의 비유로 보면 생각이 달라진다. 〈송어〉의 가사는 크리스티안 슈바르트라는 시인이 지은 시인데, 이 시에서 송어는 젊은 아가씨를, 낚시꾼은 검은 속내를 가지고 이들에게 접근하는 남자를 의미한다.

슈바르트의 시 〈송어〉는 본래 4절까지 있었다. 그런데 어찌 된 일인지 슈베르트는 이 중 3절까지에만 곡을 붙였다. 하지만 이 시의 핵심은 슈베르트가 빠뜨린 4절에 있다.

젊음을 지키기 위해
황금 같은 시간을 허비하고 있는 그대들!
송어를 생각해 보라.
위험에 빠졌을 때는
서둘러 도망가야 하는 법.
지혜가 부족한 젊은 아가씨들이여!
낚싯대를 들고 유혹하는 자들을 조심하라.
피를 흘렸을 때는 이미 때가 늦으리니.

슈바르트의 원시를 알고 나면 낚시꾼에 대한 주인공의 분노가 어느 정도 이해가 된다. 거울같이 맑은 시냇물에서 세상 물정 모르고 즐겁게 놀고 있는 젊은 아가씨들. 그 해

맑은 모습에 반한 음흉한 남자가 흑심을 품고 이들에게 접근한다. 하지만 물이 너무 맑아서 아가씨들을 낚을 수가 없다. 자칫하다 음흉한 속내가 만천하에 드러날 수도 있으니까. 그러자 남자가 머리를 굴린다. 흙탕물을 일으켜 시야를 흐려놓는 것이다.

노래에서는 흙탕물이라고 했지만 사실 현실에서는 이 흙탕물이 진실한 사랑이라는 가면을 쓰고 나타나는 경우가 많다. 나쁜 남자는 음흉한 속내를 감춘 채 달콤한 사랑꾼의 모습으로 접근한다. 그렇기 때문에 상대방의 속임수 즉, 흙탕물에 눈이 멀어 올바른 판단을 내리지 못하게 된다. 하지만 사람은 완벽하게 남을 속일 수가 없다. 어느 한 면이라도 미심쩍은 부분을 드러내게 되어 있다. 그러니 조금이라도 의심이 가면 미적거리지 말고 결단을 내려야 한다. 상대가 온갖 감언이설로 붙잡으면 슈베르트의 〈송어〉를 생각하자. 이 경쾌한 노래가 우리에게 선사하는 삶의 지혜를. 뒤늦게 후회하지 말고 서둘러 도망가자!

모데스트 무소륵스키 〈벼룩의 노래〉
Modest Mussorgsky 〈Song of Flea〉

벼룩에게 옷을 지어 입혀라

오래전 유럽 여행을 하면서 독일 프랑크푸르트에 있는 괴
테의 생가에 간 적이 있었다. 그때 집을 둘러보면서 "와! 이
렇게 잘살았단 말이야?"하고 놀랐던 기억이 난다. 고풍스
러운 가구와 실내 장식, 화려한 샹들리에, 아름다운 벽난로
등 지금 기준으로 쳐도 웬만한 부자가 아니면 가질 수 없는
크고 호화스러운 집이었다. 그도 그럴 것이 괴테의 아버지
는 왕실 고문관이었고, 어머니는 프랑크푸르트 시장의 딸
이었다고 한다. 귀족은 아니지만 부유한 시민 계급이었다.
괴테는 이렇게 부유한 집안의 도련님으로 태어나 평생 부
족함 없이 자기가 하고 싶은 일을 하며 살았다.

23살 때, 괴테는 샤를로테 부프라는 여인을 만나 사랑에 빠졌다. 하지만 그녀는 이미 약혼자가 있는 몸이었다. 이루어질 수 없는 사랑에 좌절하던 그는 이 경험을 바탕으로 《젊은 베르테르의 슬픔》이라는 소설을 썼다. 그런데 이것이 엄청난 반향을 불러일으켰다. 《젊은 베르테르의 슬픔》으로 괴테는 하루아침에 유명 작가가 되었다.

하지만 이런 명성이 훗날 그에게는 족쇄가 되기도 했다. 사람들이 그가 쓴 다른 작품에는 별로 관심을 기울이지 않았기 때문이다. 괴테 자신도 자신이 《젊은 베르테르의 슬픔》의 작가로만 인식되는 것을 못마땅하게 생각했다고 한다. 그가 60여 년에 걸쳐 심혈을 기울여 쓴 《파우스트》조차도 《젊은 베르테르의 슬픔》의 인기를 따라가지 못했으니 작가로서는 통탄할 일이 아닐 수 없다.

괴테가 사회적 영향력이 있는 작가이자 유력 인사로 자리매김하는 데 《젊은 베르테르의 슬픔》이 큰 역할을 한 것은 부인할 수 없는 사실이다. 이 소설 덕분에 젊은 나이에 관직에도 진출할 수 있었다. 《젊은 베르테르의 슬픔》을 읽고 크게 감명을 받은 작센 바이마르 공국의 카를 아우구스트 공이 그에게 관직을 준 것이다. 아우구스트 공은 계몽주의의 신봉자였는데, 시민계급인 괴테를 고문관 자리에 앉히고 공국의 개혁을 추진하고자 했다.

처음에는 대신들의 반대가 엄청났다고 한다. 당시 괴테의 나이는 겨우 27살이었다. 정치 경력도 전혀 없고, 할 줄 아는 것이라고는 소설 쓰는 것밖에 없는 애송이를 고문관으로 앉힌다고 하니 모두가 아연실색할 수밖에. 하지만 아우구스트 공은 대신들의 반대를 무릅쓰고 기어이 괴테를 고문관 자리에 앉혔다.

그런데 대신들의 우려와는 달리 괴테가 꽤 일을 잘했다. 맡은 업무에 성실히 임했고, 외교와 행정 분야는 물론 농업, 도로 정비 등 다방면에 걸쳐서 개혁 과제를 착실하게 수행했다. 아우구스트 공은 이를 매우 흡족하게 여겼고, 더불어 급료도 최고 수준으로 챙겨 주었다.

하지만 괴테는 3년 만에 바이마르 공국의 고문관 자리를 박차고 나왔다. 공적인 업무가 주는 스트레스가 심했을 뿐만 아니라 무엇보다도 작가로서 자신의 에너지와 시간을 오로지 집필에만 집중할 수 없다는 것에 불만이 컸다. 그래서 작가 본연의 자리로 돌아오기 위해 안정된 일자리를 걷어차고 나온 것이다.

어떤 경험이든 작가는 자신의 경험을 작품 속에 반영한다. 괴테 역시 그랬다. 그는 공국의 관리로 일했던 자신

의 경험을 바탕으로 노래 하나를 지었는데, 그것이 바로
《파우스트》에 나오는 〈벼룩의 노래〉이다. 악마 메피스토펠
레스는 파우스트 박사의 영혼을 담보로 그에게 젊음을 선
사한다. 그리고 젊어진 파우스트를 데리고 라이프치히의
아우엘바흐에 있는 술집으로 데려간다. 거기서 브란더라는
젊은이가 〈쥐의 노래〉라는 재미있는 노래를 부르자 메피스
토펠레스가 이에 대한 답가를 부르는데, 그것이 바로 〈벼룩
의 노래〉이다.

옛날에 벼룩을 자기 자식처럼 예뻐하는 임금이 있었
다. 그런데 이 임금이 어느 날 재봉사를 불러 벼룩에게 비
로드 옷을 지어주라고 명령했다. 임금의 총애를 등에 업은
벼룩은 비로드 옷을 입고 마치 대신이라도 된 듯 거들먹거
렸다. 그리고 자기 친척들을 궁전으로 불러들여 벼슬 한자
리씩 차지하게 했다. 벼룩들이 온 궁전을 휘젓고 다니며 궁
정 사람들을 물어댔지만 꼼짝없이 당할 수밖에 없었다. 벼
룩을 죽이지 말라는 임금의 엄명이 있었기 때문이다.

〈벼룩의 노래〉는 일종의 풍자시다. 괴테는 매사에 전횡
을 일삼는 작센 공국 대신들을 빗대어 이런 풍자시를 지었
다고 한다. 여기서 말하는 임금은 아우구스트 공작은 아닌
것 같다. 그는 계몽주의의 신봉자였으니까. 그런데 제후가

계몽주의자면 뭐하나. 그 밑에 있는 신하들이 모두 수구꼴통인데.

　〈벼룩의 노래〉를 보면 괴테가 관리로 일할 당시 바이마르 궁정에서 어떤 작태가 벌어졌는지 짐작할 수 있다. 괴테는 무능한 주제에 권력을 믿고 거들먹거린다거나 능력 없는 사람을 일가친척이라는 이유로 기용하는 등의 전횡을 일삼는 궁정 대신들의 작태와 그것이 용인되는 봉건제도의 근원적 한계에 답답함을 느꼈을 것이다. 그래서 나중에 자신의 역작인 《파우스트》에 이 경험을 풍자시의 형태로 풀어냈다.

　괴테의 〈벼룩의 노래〉는 몇몇 작곡가에게 영감을 주었다. 베토벤, 베를리오즈, 무소륵스키가 여기에 곡을 붙였는데, 가사는 곡마다 살짝 다르다. 음악적으로 제일 재미있는 것은 무소륵스키의 〈벼룩의 노래〉이다.

　　옛날에 어떤 임금이 있었어.
　　그는 벼룩하고 같이 살았지.
　　벼룩! 벼룩!
　　벼룩을 자기 형제보다 더 예뻐했어.
　　임금에겐 벼룩이 형제나 다름없었지.

벼룩!

하하하하하! 벼룩!

하하하하하! 벼룩!

어느 날 임금이 재봉사를 불러 말하길

"여봐라! 내 사랑하는 벼룩에게

비로드 옷을 지어 입혀라!"

벼룩에게 비로드 옷을 지어 입히라고?

하하하하하! 벼룩에게?

하하하하하! 비로드 옷을?

황금빛 비로드 옷을 입고 나타난 벼룩은

온 궁전을 마음대로 휘젓고 다니며

사람들을 따끔따끔 물어댔지.

하하하하하!

임금은 벼룩을 장관 자리에 앉히고

메달까지 주었어.

벼룩의 일가친척들도 모두 출세를 했지. 하하!

하지만 이 벼룩들 때문에

왕비와 시녀들은 도저히 살 수가 없었어. 하하!

그래도 벼룩을 죽이기는커녕 만질 수도 없었지.

원래는 벼룩에 물리면 단번에 죽여 버리잖아.

4장 살다 보면 때론 웃음이 필요해

하하하하하하하하하하하!

이 곡은 피아노 반주와 함께하는데, 노래 못지않게 피아노 반주도 코믹하다. 건반 위를 이리저리 통통 튀면서 돌아다니는 것이 마치 벼룩이 궁전을 이리저리 휘젓고 다니는 것과 비슷하다. 중간에 웃음소리가 나오는데, 물론 즐거워서 웃는 소리는 아니다. 일종의 비웃음인 것이다.

이런 일이 어디 노래에서만 있을까. 현실에서도 이런 일은 흔하게 일어난다. 무소륵스키가 죽은 후에 즉위한 러시아의 마지막 황제 니콜라이 2세의 궁정에서도 이런 일이 있었다. 벼룩은 요승 라스푸틴이었다. 라스푸틴은 황제와 황후의 총애를 등에 업고 종교와 외교, 심지어 내정까지 좌지우지하는 무소불위의 권력을 휘둘렀다. 매점매석은 물론이고 자기 마음대로 수상과 장관을 갈아치우기까지 했지만 아무도 이의를 제기하지 못했다. 라스푸틴을 축출할 것을 황제에게 건의한 사람이 오히려 쫓겨날 정도였으니 말해 뭐하랴. 벼룩에게 정사를 맡긴 이 어리석은 황제는 결국 비참한 최후를 맞았다. 임금이 자식처럼 사랑한다는 벼룩. 비로드 옷을 입고 위세를 떨치는 벼룩. 물리고 가려워도 죽이면 절대 안 되는 벼룩.

이 귀하디귀한 벼룩 님과 그를 그토록 애지중지 예뻐하던 임금님은 나중에 어떻게 되었을까? 노래를 들으며 즐겁게 웃지만 말고, 웃음 뒤에 숨어 있는 괴테의 깊은 뜻을 헤아려 보는 것은 어떨지.

장-밥티스트 륄리 〈서민 귀족〉 중 〈터키 의식을 위한 행진곡〉
Jean-Baptiste Lully 〈Marche pour la cérémonie des turcs〉
from 〈Le bourgeois gentilhomme〉

귀족이 되고 싶은 벼락부자

몇 년 전에 한 드라마에서 아주 재미있는 장면을 보았다. 주인공이 길거리에서 아는 사람을 만나 서로 안부를 묻는데, 둘 사이의 대화는 대충 이랬다.

"박 사장님, 안녕하세요?"

"김 사장님, 오랜만입니다."

"그런데 요즘 정 사장님은 어떻게 지내세요?"

"글쎄, 정 사장님 말로는 최 사장님, 이 사장님이랑 여행 가신다고 하시던데…"

여기저기 사장님이 넘쳐 나는 요즘 세태를 풍자한 그 대화를 들으면서 실소를 금치 못했던 기억이 난다.

드라마에 나오는 사장님들처럼 평범한 회사원인 우리 남편도 종종 '사장님'으로 불린다. 덩달아 나는 '사모님'이 된다. 하지만 나나 남편이나 처음에는 이 호칭이 몹시 듣기에 불편했다. 언젠가 남편이 "거기 000 사장님 댁이죠?"라고 묻는 전화에 "000은 맞는데, 사장은 아닙니다."라고 대꾸하는 것을 들은 적이 있다. 그런데 언제부터인가, 나도 이런 호칭에 익숙해졌다. 누군가가 나를 '아줌마'라고 부르면 어색하고, 살짝 기분이 나빠지려고 한다. 왠지 존중받지 못하는 것 같은 느낌이라고나 할까.

　　사람에게는 누구나 다른 사람의 인정을 받고 싶은 욕구가 있다. 이런 욕구를 가진 사람들은 대개 호칭에 민감하다. 남들이 자기를 높여 불러 주기를 바라는 것이다. 하지만 사실 호칭에 민감하다는 것은 그만큼 자존감이 낮다는 것을 의미한다. 자존감이 낮으니 호칭이 마음에 안 들면 무시당했다고 화를 내는 것이다. 그래서 호칭을 통해 상대방의 신분을 알아서 높여 주는 풍조가 생겨났다. 어쩔 수 없이 많은 사람을 상대해야 하는 직업을 가진 사람들은 혹시 호칭을 잘못 썼다가 "내가 누군데 감히"라는 말을 들을까 아예 알아서 상대를 높여 준다. 그리하여 대한민국의 평범한 아저씨, 아줌마들이 졸지에 모두 사장님, 사모님이 되었다.

프랑스 작곡가 륄리와 극작가 몰리에르가 합심해서 만든 〈서민 귀족〉이라는 희극이 있다. 이 작품의 주인공 주르댕은 '귀족 나리'라는 소리가 듣고 싶어 안달이 난 사람이다. 돈은 많지만 평민인 그는 귀족이 되겠다는 일념으로 음악, 무용, 검술, 철학 선생 등을 고용해 귀족 수업을 받는다. 하지만 워낙 무식한 탓에 그 과정에서 온갖 해프닝이 벌어진다. 주르댕은 벌거숭이 임금님처럼 자신의 행동이 주변 사람들에게 웃음거리가 되고 있다는 사실을 모른 채 오로지 귀족이 되고 싶다는 일념으로 온갖 우스꽝스러운 일을 벌인다.

그러던 어느 날, 이 벼락부자 양반이 옷을 지으러 온 재봉사 보조로부터 놀라 자빠질 소리를 듣는다. 그가 자기를 "귀족 나리!" 이렇게 부른 것이다. 이 말을 듣고 주르댕은 흥분한다. 세상에! 귀족나리라니! 얼마나 듣고 싶었던 말인가! 그는 하늘을 날아갈 것 같은 황홀경에 빠진다.

주르댕에게는 뤼실이라는 딸이 있다. 뤼실은 클레옹트라는 젊은이와 사귀고 있는 중이다. 하지만 두 사람의 결혼에는 크나큰 장벽이 놓여 있다. 클레옹트가 귀족이 아닌 탓이다. 주르댕은 자기도 귀족이 아닌 주제에 사위는 반드시 귀족이어야 한다고 고집을 부린다. 귀족을 사위로 삼아 그들과 동급이 되고 싶은 것이다. 사실 클레옹트는 귀족은 아니지만 그래도 웬만큼 사는 집안의 아들이다. 하지만 주르댕에게는 어림도 없었다. 주르댕은 두 사람의 결혼을 결사적으로 반대한다.

어떻게든 뤼실과 결혼하고 싶은 클레옹트는 하인 코비엘과 짜고 주르댕을 속일 계략을 짠다. 먼저 코비엘이 주르댕을 찾아가 놀라운 소식을 전한다. 며칠 전에 마을에 터키 황제의 아들이 왔는데, 그가 주르댕의 딸 뤼실에게 한눈에 반해 그녀와 결혼하고 싶어 한다는 것이다. 터키 왕자가 사위가 될지도 모른다는 말에 주르댕의 귀가 번쩍 뜨인다. 코비엘은 엉터리 터키 말로 주르댕을 속이면서 터키 왕자가 그를 터키 말로 '마마무쉬' 즉, 방랑기사로 봉하겠다는 뜻을 밝혔다고 전한다. 이런 코비엘의 말을 철석같이 믿는 주르댕은 터키 황제의 사돈에다 기사 작위까지 받을 수 있다는 말에 흥분한다.

곧이어 터키 왕자로 변장한 클레옹트와 주르댕 아버지의 친구로 변장한 코비엘이 들어온다. 이 장면은 〈서민 귀족〉 전막 중에서 가장 재미있는 장면이다. 터키인으로 변장한 클레옹트가 엉터리 터키어를 하면, 코비엘이 이 말을 통역해 주는 식으로 대화가 오고 간다. 두 사람이 하는 말은 모두 엉터리지만 무식한 주르댕은 그것을 전혀 눈치채지 못한다. 그러다가 클레옹트는 엉터리 터키 말을 하는 것에 싫증이 나서 "벨 멘."이라고 짧게 말한다. 그런데 이 말에 대한 코비엘의 통역은 길고 장황하다.

"전하께서는 당신의 따님을 만나 보고 결혼을 매듭지을
수 있도록 서둘러서 의식을 마련해 주셨으면 합니다."

그 말을 듣고 주르댕이 놀라서 어떻게 그렇게 짧은 단어에 그토록 많은 의미가 담길 수 있는지 놀라워한다. 그러자 코비엘은 터키 말이 원래 그렇다는 말로 무식한 주르댕을 속인다.

이어서 주르댕을 귀족으로 만드는 의식이 치러진다. 이 의식은 춤과 음악으로 진행되는데, 이 장면에서 나오는 음악이 그 유명한 〈터키 의례를 위한 행진곡〉이다. 중간에 난데없이 터키식 의례가 나오는 것이 뜬금없는 것 같지만, 사실 〈서민 귀족〉은 바로 이 장면을 위해 탄생한 것이라고 해도 과언이 아니다. 사람들이 모두 합심해 주르댕을 속이며 엉터리로 터키 의식을 치르는 이 장면에서 작곡가 륄리는 탁월한 음악적 유머 감각을 발휘한다. 터키 복장을 한 이슬람 사제와 성직자, 무용수, 가수, 연주자들이 등장하는 장면에서 행진곡이 나오는데, 이것을 듣고 있으면 음악으로도 유머를 할 수 있다는 사실에 놀라게 된다.

이 곡의 악보에 륄리는 "터키식으로 연주하라."라는 말을 써넣었다고 한다. 가짜 의식이지만 진짜처럼 하라는 의미인데, 짐짓 진짜를 가장한 음악의 가짜 연기가 웃음을 유발한다. 절도 있는 2박자로 이루어진 음악 그 자체는 행진곡으로서 손색이 없다. 하지만 첫 박마다 들어가는 과장된 악센트 때문에 음악이 '억지로 웃음을 참고 있는' 형국이 되고 말았다.

곧이어 주르댕을 '마마무쉬'로 만드는 의식이 진행된다. 의식은 외형적으로는 매우 엄숙하다. 식을 주도하는 이슬람 사제나 성직자들, 가수들 모두 엄숙한 표정을 하고 있다. 상당히 긴 시간 동안 의식이 진행되는데, 이때 가수들이 터키어로 추정되는 뜻 모를 가사에 단조로운 리듬과 멜로디를 얹어 부른다. 사제가 선창하면, 나머지 사람들이 완벽한 화음으로 이에 답하기도 한다. 앞에 나온 행진곡의 경우처럼 짐짓 엄숙함을 가장한 등장인물들의 표정과 연기 그리고 륄리의 음악이 웃음을 자아낸다.

〈서민 귀족〉을 보면 이것이 300년 전 작품이라는 사실이 믿어지지 않는다. 시간과 공간만 바뀌었을 뿐 그 내용은 지금과 별반 다르지 않다. 지금도 주변을 둘러보면 주르댕처럼 무능한데도 인정 욕구만 높은 사람들이 꽤 있다. 이런 사람이 나이가 많은 윗사람일 경우, 그걸 봐줘야 하는 아랫사람은 괴롭기 그지없다. 이럴 때 그를 풍자의 대상으로 삼으면 마음이 편해진다. 그 우스꽝스러운 행태에 박장대소하다 보면 어느덧 그에게 측은지심을 갖게 될 테니까.

짐 데이비드 〈아이 캐논〉
Jim David 〈iCanon〉

휴대폰은 죄가 없다

나는 기계치다. 모든 종류의 기계에 서투르다. 직업상 디지
털카메라, 컴퓨터, 팩스, 복사기, 프린터, DVD플레이어, 프
로젝터 같은 것을 자주 사용하지만 어찌 된 일인지 아무리
사용해도 도무지 익숙해지지 않는다. 주눅이 잔뜩 들어서
매번 시행착오를 거듭하는데, 그럴 때마다 유행가 가사가
생각나곤 한다. 기계 앞에서만 서면 나는 왜 작아지는가.

  기계와 좌충우돌 씨름했던 사연을 쓰자면 한도 끝도
없다. 어느 날, 컴퓨터로 원고를 다 쓰고 인쇄 버튼을 눌렀
다. 그런데 어찌 된 일인지 인쇄가 안 되는 것이다. 그래서
될 때까지 계속해서 인쇄 버튼을 눌렀다. 그랬더니 어느 순

간 그때까지 요지부동이던 프린터가 갑자기 작동하기 시작한다. 프린터에서 인쇄된 종이가 끝도 없이 나온다. 10쪽짜리 원고의 인쇄 버튼을 열 번쯤 눌렀으니 한 100장이 나올 판이다. 나는 당황한 나머지 서둘러 인쇄 중지를 시도한다. 하지만 이 버튼 저 버튼 다 눌러 봐도 프린터가 멈출 생각을 하지 않는다. 결국 나는 전기 코드를 뽑는 원시적이고 폭력적인 방법으로 이 문제를 해결한다.

그런데 그게 끝난 게 아니다. 전기 코드를 뽑고 잠시 숨을 돌린 다음 다시 코드를 꽂으니 또다시 프린터가 작동하는 것이 아닌가. 그걸 본 나는 패닉에 빠진다. 끊임없이 종이를 토해 내는 프린터가 마치 살아 있는 생물처럼 보인다. 살아서 나에게 이렇게 속삭이는 것 같다. 나 아직 안 죽었어. 몰랐지?

이것만이 아니다. 휴대폰과 관련된 나의 흑역사는 책 한 권이 모자랄 정도로 무궁무진하다. 사정이 이렇다 보니 나는 남들 다 쓰는 스마트 폰도 나온 지 5년쯤 지났을 때 장만했다. 여전히 구형 휴대폰을 쓰고 있는 나를 보고 사람들이 왜 스마트폰으로 안 바꾸냐고 물을 때마다 나는 "별로 필요성을 느끼지 못해서요."라고 대답하곤 했다. 스마트폰의 무궁무진한 가능성을 알고 있는 사람들에게 스마트폰의 필요성을 별로 느끼지 못했다는 내 대답이 무척 황당하게 들렸을 것이다. 하지만 나는 알고 있었다. 스마트폰을 장만해도 내가 그 다양한 기능의 1%도 활용하지 못할 것이라는 것을.

지금도 처음 스마트폰 사용설명서를 읽었을 때의 충격을 잊지 못한다. 간략한 단어와 기호로 이루어진 설명서가 나에게는 마치 암호처럼 느껴졌다. 아! 이건 박사 학위 정도 따야만 이해할 수 있는 거구나! 자조적으로 이렇게 중얼거렸던 기억이 난다. 그로부터 꽤 오랜 세월이 지난 지금도 나는 여전히 이해할 수 없는 디지털용 기호와 단어의 홍수 속에서 허우적대고 있다. 이 새로운 소통의 세계는 나에게 그 세계에서만 통하는 새로운 언어를 배울 것을 요구한다. 보내는 사람의 감정을 나타내는 온갖 기호와 상징, 듣기만 해도 손발이 오그라드는 디지털용 종결어미 그리고 무엇보다도 아무리 노력해도 도저히 좋아질 것 같지 않은 나의 타자 실력. 아! 나는 세상 복잡하게 살고 싶지 않은데, 이 세상은 나에게 복잡하게 살 것을 요구한다.

휴대폰을 제대로 다루지 못해 음악회에서 망신을 당한 일도 있었다. 나는 분명히 끈다고 껐는데, 또 뭔가 잘못 눌렀던 모양이다. 한창 음악이 연주되고 있는 중간에 내 휴대폰이 울렸다. 놀라서 가방 속에 있는 휴대폰을 꺼내려고 하는데, 이놈의 휴대폰이 가방 어느 구석에 처박혀 있는지 쉽사리 손에 잡히질 않는 것이다. 벨은 계속해서 울리고, 당황한 내 손길은 가방을 헤집고….그때 나를 바라보던 사람들의 눈빛이 지금도 생생하다. 저 여자 명색이 음악평론가라며? 알 만한 사람이 왜 저래? 대충 이런 눈빛이었다.

사실 이런 일이 나에게만 일어난 것은 아니다. 휴대폰이 널리 보급된 이후, 연주회에서 휴대폰 벨 소리를 듣는 것은 그리 드문 일이 아니게 되었다. 그래서 연주회 시작 전에 소지하고 있는 휴대폰의 전원을 꺼달라는 멘트가 나오지만 사람 일이 어디 그런가. 지금도 가끔 이런 불상사가 발생하곤 한다. 요즘은 당사자가 바로 휴대폰을 끄지만 초기에는 전화를 받는 사람도 있었다.

그런데 연주회 중간에 휴대폰이 울리는 시점이 참 묘한 경우가 많다. 대개는 프레이즈가 끝날 무렵, 피아니시모로 꺼져 가는 선율에 관객들의 감성이 촉촉하게 젖어 들어갈 무렵에 울리거나 점점 고조되던 음악이 드디어 '짠'하고 화려하게 폭발하기 직전에 울린다. 관객 모두가 정서적으로 감동받을 준비를 하고 있는 순간에 울리는 것이다. 휴대폰은 왜 하필 그 순간에 자신의 존재감을 드러내는 것일까.

이유야 어쨌든 이 순간에 울리는 휴대폰 소리가 관객에게 끼치는 정서적 피해는 치명적이다.

시도 때도 없이 울리는 휴대폰 소리에 견딜 수 없는 것은 연주자도 마찬가지다. 이에 대한 연주자의 반응은 제각각이다. 휴대폰이 울리거나 말거나 연주를 계속하는 사람이 있는가 하면 즉시 연주를 멈추고 조용히 화를 억누른 다음 연주를 다시 시작하는 사람도 있다. 그리고 이보다 더 다혈질인 사람은 연주를 멈추고 소리가 난 쪽을 한동안 째려보거나 뭐라고 한마디하기도 한다.

그런가 하면 이런 상황을 재치 있게 해결하는 연주자도 있다. 연주를 멈추고 "여보세요."라고 전화 받는 시늉을 하기도 하고, 한발 더 나아가 상대방과 진짜 통화를 하는 것처럼 애드립을 하기도 한다. 또한 음악적 센스를 발휘해 휴대폰 소리를 그대로 악기로 연주하는 경우도 있다. 몇 년 전에 바흐의 무반주 파르티타를 연주하던 바이올리니스트가 객석에서 휴대폰이 울리자 즉석에서 벨 소리를 그대로 따라서 연주하는 영상을 본 적이 있다. 혹시 짜고 치는 고스톱이 아닐까 할 정도로 반응이 즉각적이었고 자연스러웠다.

이제는 우리가 휴대폰을 떠나서는 살 수 없다는 사실을 인정해야 할 때가 된 것 같다. 그렇다면 휴대폰을 피할 것이 아니라 이것을 적극적으로 활용하는 것은 어떨까. 지난 2014년 5월 10일, 미국 뉴욕의 링컨 센터에서는 '음악의 방해꾼'이라는 이색적인 제목의 연주회가 있었다. 음악회를 보러온 관객들 손에는 모두 휴대폰이 들려 있었다. 언제나 그랬던 것처럼 그 중 상당수는 음악회가 시작되기 전까지 휴대폰을 들여다보고 있었다. 오케스트라 단원들이 등장해 튜닝을 할 때도 휴대폰을 손에서 놓지 않았다.

　드디어 지휘자가 무대에 입장했다. 첫 곡은 짐 데이비드가 작곡한 〈아이 캐논〉이라는 곡이었다. 지휘자가 지휘봉을 들고 첫 박을 저으려는 순간 어디선가 휴대폰 소리가 들렸다. 김이 샌 듯한 표정으로 지휘봉을 내려놓은 지휘자. 다시 음악을 시작하려고 하자 이번에는 다른 방향에서 또 휴대폰 소리가 들렸다. 관객들이 소리의 진원지를 알아내려고 이리저리 둘러보는 동안 여기저기서 각기 다른 종류의 휴대폰 소리가 울리기 시작했다. 그러자 지휘자가 아예 객석으로 몸을 돌려 여기저기서 울리는 휴대폰 소리에 맞춰 지휘를 하기 시작했다.

　사실 이것은 주최 측에서 사전에 계획해 놓은 이벤트였다. 객석 곳곳에 스피커를 설치해 놓고 여러 종류의 휴대폰 벨소리가 울리도록 한 것이다. 그런데 그 소리가 다성음악 비슷한 것이 들을 만했다. 각양각색의 소리가 가히 휴대폰 심포니라고 불러도 될 만큼 서로 조화를 이루고 있었다. 객석에서 울려 퍼진 휴대폰 심포니는 곧이어 무대 위의 오케스트라에게로 옮겨 갔다. 짐 데이비드가 작곡한 〈아이 캐논〉이라는 곡이다. 처음에 어리둥절하던 관객들은 그제서야 이 모든 것이 주최측의 음모(?)였다는 사실을 알게 된다.

짐 데이비드의 〈아이 캐논〉은 마림바가 연주하는 애플 아이폰의 기본 벨소리를 모티브로 하고 있다. 마림바가 연주하는 이 모티브는 짧지만 발랄하다. 통통 튀는 듯 생동감이 있다. 처음에 마림바가 이 모티브를 연주했을 때, 관객들의 얼굴에 반가운 기색이 역력했다. 평소에 익히 듣던 소리니까. 휴대폰 벨소리가 음악이 될 수 있다니 정말 신기하네. 이런 표정이었다. 〈아이 캐논〉의 아이폰 모티브는 악기를 옮겨가며 계속 반복된다. 그런데 이게 은근히 중독성이 있다. 자꾸 들어도 또 듣고 싶은 생각이 든다.

이제 휴대폰은 더 이상 음악의 방해꾼이 아니다. 달라진 세상에서 새로운 음악의 소재를 제공해 주는 고마운 존재일 뿐이다. 지금까지 그래 왔던 것처럼 앞으로도 휴대폰은 음악의 가능성을 무한대로 넓혀 주는 역할을 할 것이다. 그러니 이제 휴대폰을 탓하지 말고 휴대폰을 즐기자! 하지

만 그럼에도 불구하고 명심할 것이 있다. 아무리 휴대폰이
좋아도 음악회장에서는 휴대폰의 전원을 반드시 끄도록!

5장

내 삶의 봄, 여름, 가을 그리고 겨울

본 윌리엄스 〈날아오르는 종달새〉
R. Vaughan Williams 〈The Lark Ascending〉

그토록 완벽하게 행복했던 봄

나는 자연 속에서 뛰놀며 어린 시절을 보낸 마지막 세대다. 요즘 대부분의 아이들은 도시에서 태어나 도시에서 성장한다. 하긴 나도 도시에서 태어나기는 했다. 그것도 서울 한복판인 삼청동에서. 하지만 워낙 어렸을 때 그곳을 떠나서 그런지 그 시절에 관해서는 기억나는 것이 단 하나도 없다. 과거로 거슬러 올라가는 내 기억의 시작점은 항상 5살 무렵부터 살았던 파주의 한 작은 마을에서 멈추곤 한다.

그곳은 동요 〈고향의 봄〉의 가사처럼 복숭아꽃, 살구꽃, 아기 진달래가 피는 곳이었다. 하늘과 맞닿아 완만한 스카이라인을 이루고 있는 뒷동산을 배경으로 초가집 몇 채가 옹기종기 모여 있었고, 그 앞으로는 작은 시내가 흐르고 있었다. 그런 곳에서 나는 꿈같은 어린 시절을 보냈다.

이 시절을 떠올리면 언제나 잘 '놀았던' 기억만 난다. 나는 치열하게, 일분일초도 아끼지 않고, 최선을 다해 열심히 놀았다. 봄이 되면 나물을 캐러 들판으로 나갔다. 냉이와 쑥, 씀바귀 같은 것을 캤는데, 냉이는 한 뿌리만 캐도 쌉쌀한 향기가 코를 찔렀다. 요즘 마트에서 파는 냉이와는 비교가 안 될 정도로 향이 강했다. 때로는 동네 뒤편에 있는 나지막한 야산으로 올라갔다. 거기서 소나무 가지마다 달려 있는 송화나 산등성이 저만치 피어 있는 진달래꽃, 향긋한 향기를 품은 아카시아를 따먹으며 놀았다.

나의 가열한 놀이 정신은 전천후였다. 비가 오면 비가 오는 대로 눈이 오면 눈이 오는 대로 그에 맞는 놀거리가 있었다. 비 오는 날에는 대바구니를 들고 시냇가로 갔다. 비로 인해 물이 불어난 흙탕물로 들어가 풀숲에 발을 집어넣고 한참 휘저은 다음 바구니를 꺼내 보면 그 안에 미꾸라지가 몇 마리씩 들어 있곤 했다. 어디 그뿐인가. 논에는 우렁이나 메뚜기가 지천으로 널려 있었다. 그 우렁을 잡아 삶아 먹기도 했고, 메뚜기를 잡아 강아지풀에 꿰어 집으로 가져와 양은 냄비에 볶아 먹기도 했다. 그렇게 바쁘게 살았다. 그때는 밖에서 매일매일 처리해야 할 업무(?)가 너무나 많아서 하루해가 짧다고 느껴질 정도였다.

이렇게 자연 속에서 놀다 보니 어느덧 자연 현상의 비밀을 터득하는 경지에까지 이르게 되었다. 어느 날, 나는 내가 움직일 때마다 달이 나를 따라 움직인다는 놀라운 사실을 발견하게 되었다. 그때 얼마나 흥분했는지 모른다. 나는 입에 침을 튀겨 가며 동네 아이들에게 내가 독자적으로 발견한 이 놀라운 자연 현상에 대해 열변을 토했다. 하지만 아이들의 반응은 심드렁 그 자체였다.

"야. 너만 따라오는 게 아니야. 내가 걸어갈 때도 달이
나를 따라오거든."

이 한마디로 치열한 과학적 관찰의 결과로 도출된 나의 이론은 처참하게 묵살당하고 말았다.

자연에서 뛰놀던 어린 시절의 경험 중에 잊을 수 없는 것이 있다. 6살 때 충청도에 있는 외할아버지 댁으로 놀러 갔던 기억이다. 나는 그 농촌 마을에서 놀았던 한 달이 내 일생을 통틀어 가장 즐겁고 행복한 시간이었다고 생각한다. 그때 동네 아이들하고도 재미있게 놀았지만 당시 18살이던 막내 외삼촌하고 놀았던 기억이 특히 생생하다. 막내 외삼촌은 지적 장애인이었다. 그래서 나이는 18살이지만

6살인 나와 수준이 맞았다. 말도 잘 통하고 놀이 취향도 비슷해서 외삼촌이 그냥 친구 같았다. 그렇게 천진난만한 철부지 외삼촌과 함께 나는 산과 들을 종횡무진으로 누비며 원도 한도 없이 마음껏 놀았다.

그러는 동안 나는 서울말은 완전히 잊고, 충청도 사투리를 완벽하게 구사하는 네이티브 스피커가 되어 있었다. 한 달이라는 시간은 어린아이가 사투리를 체화하기에 충분한 시간이었다. 당시 나는 모든 말의 종결어미를 '유'나 '슈'로 처리했다. 이런 말투가 완전히 입에 배어서 집에 돌아와서 한동안 그 말투를 고치지 못했다. 그게 재미있었는지 동네 아줌마들이 나에게 자꾸 말을 시켰고, 내가 말을 시작하면 모두 박장대소를 했다. 완전히 동네 구경거리가 되었는데, 당시에는 동네 이리저리 불려 다니며 인기 좀 끌었다. 물론 그로부터 한 달 만에 다시 완벽한 서울말로 돌아오기는 했지만.

지금은 자연 속에서 뛰어놀았던 그 시간이 그저 아련한 꿈처럼 느껴진다. 내 삶에 언제 그토록 행복한 적이 있었던가. 그렇게 온몸으로 평화를 느낀 적이 있었던가. 그 이후의 삶이 너무나도 고되었기에 나는 그 시절이 그렇게 그리울 수가 없다. 따사로운 햇살이 내리쪼이는 봄 들판의 고요한 평화. 들판 위를 날아오르던 종달새의 노랫소리. 아! 더 말할 나위 없이 완벽하게 평화롭고 행복했던 그 시간.

음악 중에 내게 그 아름다운 시간을 떠올리게 하는 것이 있다. 영국 작곡가 본 윌리엄스가 작곡한 〈날아오르는 종달새〉라는 곡이다. 한국 농촌에서 보낸 기억을 소환하는 곡이 왜 한국 작곡가가 아닌 영국 작곡가가 쓴 곡일까 의문을 가지는 사람이 있을 것이다. 그런 사람은 음악을 한번 들어보시라. 그러면 내 말이 이해될 것이다.

본 윌리엄스는 영국의 전원을 사랑한 작곡가였다. 그는 시간 날 때마다 영국의 농촌을 찾아다니며 민요를 수집하고, 시골의 정취가 물씬 풍기는 목가적인 음악을 작곡했다. 일종의 청록파 음악가인 셈인데, 〈날아오르는 종달새〉는 이런 그의 성향을 대표하는 곡이다.

우리는 종달새 하면 화창한 봄날, 경쾌하게 재잘대는, 그래서 조금은 경망스러운 느낌을 주는 종달새를 생각한다. 그래서 클래식 음악에서 종달새는 대개 경쾌하고 발랄하게 그려진다. 하지만 본 윌리엄스의 〈날아오르는 종달새〉의 종달새는 그런 종달새가 아니다. 하늘 높은 곳에 홀로 떠서 봄날의 평화를 관조하는 외로운 종달새다. 혹 외롭지는 않는다 하더라도 적어도 아름다운 봄을 호들갑스럽게 맞는 경망스러운 종달새는 아니라는 말이다.

〈날아오르는 종달새〉는 바이올린 협주곡의 형식을 취하고 있다. 독주 바이올린과 오케스트라가 함께 연주하는데, 나는 이 곡의 바이올린 독주를 들을 때마다 어린 시절 보았던 우리네 농촌 풍경이 떠오르곤 한다. 분명 우리와는 멀리 떨어진 영국의 전원을 노래한 곡인데 그 느낌이 그렇게 친근할 수가 없다. 서양악기인 바이올린과 오케스트라를 위한 곡임에도 불구하고 마치 우리 국악을 듣는 것 같은 느낌이 드는 것은 무슨 까닭일까.

여기에는 이유가 있다. 이 곡의 독주 바이올린 파트가 음악적으로나 정서적으로 우리 음악과 비슷하기 때문이다. 듣고 있으면 버들피리나 단소 소리를 듣는 것 같은 느낌이 든다. 음계와 박자도 한국 민요와 비슷하다. 한국 피리의 장식음을 연상시키는 바이올린의 절묘한 흐름, 끊임없이 살아 움직이는 흐드러진 멜로디, 즉흥곡풍의 자유분방함, 틀에 얽매이지 않는 여유로운 박자와 템포. 그렇게 이 곡은 우리로 하여금 정서적으로 한국적이라고 느끼게 하는 모든 것을 가지고 있다.

본 윌리엄스가 음악으로 쓴 전원시는 평화롭고 고요하며 조금은 구슬프기까지 하다. 그래서 그런지 이 곡을 들을 때마다 지나간 시절의 봄에 대한 그리움이 사무친다. 사람들은 언제나 시간적으로나 공간적으로 멀리 떨어진 것을 그리워한다. 봄도 그렇고 어린 시절의 추억도 그렇다. 어쩌면 본 윌리엄스 음악 속의 그 종달새는 지금 봄의 한 가운데에 있는 것이 아니라 이미 지나간 행복한 시절의 봄을 그리워하고 있는지도 모른다. 그 봄날이 그리운 나머지 현재의 봄을 봄으로써 온전히 즐기지 못하고 있는 것은 아닐까.

아름다운 봄날, 평화로운 농촌 마을에서 나랑 같은 수준으로 놀았던 막내 외삼촌은 그로부터 얼마 후 농수로에 빠져 죽었다. 그래서 지금도 막내 외삼촌을 생각하면 마음이 짠하다. 내 인생에서 가장 행복했던 순간의 추억을 공유하고 있는 사람. 봄이 되니 문득 그 시절, 외삼촌이 그리워진다. 외삼촌이 세상을 떠난 계절에도 여전히 종달새는 노래하고 꽃들은 피어나는데, 나는 그 속절없는 세월의 무심함이 못내 서럽다.

카를 체르니 〈비엔나 행진곡〉
Carl Czerny 〈Vienna March〉

어느 봄날, 음악이 내게로 왔다

레너드 번스타인이 진행하는 청소년 음악회 영상을 볼 때마다 격세지감을 느끼곤 한다. 번스타인이 미국 뉴욕의 카네기 홀에서 어린이를 위한 청소년 음악회를 진행한 때가 50년대 후반부터 60년대 초반까지였다. 영상을 보면 객석에 앉아 번스타인의 해설을 듣고 음악을 감상하는 어린이와 부모들의 모습이 보이는데, 하나같이 신수가 훤하다. 여자아이들은 산뜻한 원피스를 입고 머리에 리본 장식을 했으며, 남자아이들은 대개 깔끔한 정장 차림에 나비넥타이를 매고 있다. 아이들과 함께 온 부모들의 옷차림도 그렇게 세련되고 깔끔할 수가 없다.

그때 비슷한 또래의 한국 아이들은 어땠을까. 음악회는커녕 끼니를 때우는 것도 힘들어 강냉이죽이나 옥수수빵으로 배를 채우던 시절이었다. 사정이 이러니 보통 아이들에게 예쁜 원피스를 입고 부모와 함께 음악회에 가는 것은 상상도 할 수 없는 일이었다. 그런데 이 상상도 할 수 없는 일이 나에게는 아주 가끔씩 일어났다. 가난한 형편임에도 자식 교육에 목숨을 걸었던 부모님은 어디선가 용케도 공짜 표를 구해와 나를 음악회에 데려가곤 했다. 물론 집안 형편이 안 좋아 음악회에 어울리는 예쁜 원피스를 입을 수는 없었다.

지금도 연세대 강당에서 있었던 요한 슈트라우스의 〈박쥐〉를 보러 갔던 일이 생각난다. 당시 웬만한 오페라는 한국말로 번역해서 불렀는데 이 공연은 예외였다. 모두 원어인 독일어로 불렀다. 그러니 내용이 뭔지 알 수가 있나. 너무 지루해서 몇 시간 동안 몸을 비비 꼬고 앉아 있던 기억이 난다. 부모님은 자식의 정서 발달에 긍정적인 효과를 기대하고 나를 데려갔겠지만 이 공연이 내 정서 발달에 기여한 바는 '전혀' 없었다고 장담할 수 있다.

그로부터 세월이 흘러 이제 우리나라 아이들도 카네기 홀의 그 미국 아이들처럼 예쁜 옷을 차려입고 부모와 함께 음악회에 가는 시대가 되었다. 특히 어린이날이 있는 5월에는 여기저기에서 어린이를 위한 음악회가 많이 열린다. 그때마다 객석은 자녀 교육에 도움이 된다면 무슨 일이라도 기꺼이 할 각오가 되어 있는 부모들과 이런 부모의 바람은 아랑곳하지 않는 아이들로 초만원을 이룬다. 아이들은 학원에 끌려가는 것과 비슷한 방식으로 음악회에 끌려온다. 그 아이들의 대부분은 현재 악기를 배우고 있거나 아니면 적어도 한 번쯤은 악기 배우기를 시도해 본 적이 있는 아이들이다.

자기 의사와 상관없이 음악회에 끌려온 아이들은 어린아이의 인내심을 시험하는 그 긴 시간 동안 객석에 엉덩이를 붙이고 앉아 있어야만 한다. 그러다가 드디어 인내심의 한계에 도달하면 아이는 계속 몸을 뒤틀고, 옆 친구와 소곤거리고, 그도 아니면 아예 머리를 뒤로 젖히고 잠을 잔다. 그런 아이를 바라보는 부모의 표정에는 '이게 아닌데' 하는 안타까움이 서려 있다.

물론 그중에 정말 아이들의 마음을 잡아끄는 재미있는 음악회가 없는 것은 아니다. 하지만 비율로 보았을 때 그런 음악회가 그렇지 못한 음악회보다 훨씬 적은 것이 현실이다. 나는 그동안 어린이 음악회에 온 아이들이 진정으로 음악을 즐기지 못하는 경우를 수없이 보았다. 전 세계적으로 우리나라만큼 음악 교육을 많이 시키는 나라가 없는데, 우리나라 부모들만큼 아이들 음악 교육에 열성인 부모들도 없는데, 왜 현실은 늘 이렇게 참담한 것일까.

어린이를 위한 음악회가 성공하려면 우선 아이들에게 친숙한 음악을 들려주어야 하고, 그 음악이 아름답고 즐겁고 재미있어야 하며, 그 길이가 아이들이 참을 수 있을 정도여야 한다는 것이 나의 생각이다. 무대 위에서 연주하는 곡이 제아무리 훌륭해도 그것이 아이들 귀에 친숙하지 않은 것이라면, 예술성이 너무 심오해서 아이들에게 즐거움을 가져다주지 못한다면, 그리고 길이가 너무 길어 인내심의 한계를 넘어선다면 그 음악회는 실패할 수밖에 없다. 아이들의 눈높이에 맞추지 않은 어린이 음악회는 한계가 있다는 얘기이다.

음악은 즐거운 것이다. 하지만 피아노와 같은 악기 배우기로 음악을 처음 접한 아이들은 음악이 즐거운 것이라는 사실을 깨닫기 전에 음악에 질려 버리고 만다. 악기를 배우기 위해선 힘들고 지겨운 시간을 견뎌내야 하기 때문이다. 나 역시 그랬다. 부모의 강요로 피아노를 배우기 시작했지만 처음에는 음악이 즐거운 것인지 몰랐다. 매일 같이 의무적으로 해야 하는 연습이 그렇게 지겨울 수가 없었다. 그중에서 가장 나를 괴롭힌 것은 체르니 연습곡이었다.

체르니. 이 이름을 듣고 진저리를 치는 아이들이 얼마나 많을까. 체르니 연습곡은 바이엘을 마치면 배우게 되는 피아노 연습의 정규 코스이다. 제일 먼저 체르니 100번, 그다음에 체르니 30번, 체르니 40번, 체르니 50번의 순서로 나가는데, 대개는 체르니 30번이나 40번쯤에서 피아노 배우기를 중단하는 경우가 많다. 재미없고 어렵고 지루한 체르니 연습곡을 몇 번이고 반복해서 연습하면서 피아노에 질려 버리기 때문이다. 아마도 피아노를 배우는 전 세계 아이들이 음악은 재미없고 지겨운 것이라는 생각을 하도록 만드는 데에 체르니의 공(?)이 지대했으리라고 본다.

하지만 체르니가 연습곡만 작곡한 것이 아니다. 연습곡 말고도 아름다운 곡을 많이 작곡했다. 그런데 그 놈의 연습곡 때문에 우리의 불쌍한 체르니는 작곡가로서 제대로 된 대접도 받지 못한 채 피아노를 배우는 모든 어린이들을 괴롭히는 작곡가로만 기억되고 있다.

그런데 나에게는 이렇게 악명 높은(?) 체르니를 다시 본 사건이 있었다. 체르니 30번을 칠 때였던가. 어느 날 피아노 선생님이 악보 하나를 보여주었다. 체르니가 작곡한〈

비엔나 행진곡)이라는 곡이었다.

"이거 한 번 선생님이랑 같이 쳐 볼까?"

"같이 쳐요?"

"그래. 이 곡은 두 사람이 같이 치는 연탄곡이란다."

연탄곡이라는 말을 그때 처음 들었다. 두 사람이 같이 친다고? 신기하네. 이러면서 악보를 훑어봤는데 그렇게 어려워 보이지 않았다. 그래서 며칠 만에 곡을 익혔다. 연습이 대충 끝났을 때, 선생님이 이제 같이 쳐보자고 했다. 선생님은 저음부를 담당하고 나는 고음부를 담당했다. 그렇게 연주를 시작했는데, 세상에! 혼자 연주할 때와는 차원이 다른 소리가 나는 것이 아닌가. 선생님이 저음부를 든든하게 받쳐 주니 소리가 그렇게 멋질 수가 없었다.

〈비엔나 행진곡〉은 행진곡답게 부점음표를 동반한 당당한 울림으로 시작한다. 그 울림은 선생님이 연주하는 저음부 덕분에 더욱 위풍당당하게 들린다. 그러다가 중간에 트리오로 들어가는데, 여기서는 음악의 분위기가 확 달라진다. 휘파람을 부는 듯 멜로디가 경쾌하다. 그때 선생님과 눈을 맞추고 박자에 따라 고개를 까딱거리며 연주했는데, 서로 호흡을 공유하며 같이 음악을 만들어 가는 과정이 정말 재미있었다.

〈비엔나 행진곡〉을 통해 나는 비로소 음악의 즐거움에 눈을 뜨게 되었다. 반복적이고 지겨운 연습곡에 질린 나에게 처음으로 음악의 즐거움을 알게 해준 〈비엔나 행진곡〉. 선생님과 함께 이 당당하면서도 경쾌한 행진곡을 치면서 얼마나 즐거웠는지 모른다. 하지만 그때는 이렇게 재미있는 곡을 작곡한 사람이 체르니라는 사실을 몰랐다. 작곡가에는 관심이 없는 나이였으니까.

아마 지금 〈비엔나 행진곡〉을 치는 아이 중에 이 곡의 작곡가가 체르니라는 사실을 모르는 아이도 있을 것이다. 하지만 이제 알았지? 얘들아! 체르니가 그렇게 지루하기만 한 작곡가가 아니란다. 너희가 선생님 혹은 친구들과 즐겁게 연주했던 〈비엔나 행진곡〉이 바로 체르니가 작곡한 곡이란다. 그러니 이제 체르니를 그만 미워하렴.

프란츠 슈베르트 〈바위 위의 목동〉
Franz Schubert 〈Der Hirt auf dem Felsen〉

학교 앞 음악다방의 추억

일제의 탄압이 한창 기승을 부리고 있던 1936년 언제부터 인가. 정오를 알리는 사이렌이 울리면 명치정(명동)에 꼭 나타나는 남자가 있었다. 그는 감색 양복에 빨간 넥타이를 매고, 앞가르마 탄 머리에 기름을 발라 뒤로 싹 넘기고, 왼팔에 지팡이를 걸치고 나타났다. 이렇게 특이한 모습으로 사이렌이 부는 낮 12시에 명치정에 어김없이 나타나서는 언제나 같은 길을 언제나 같은 속도로 걸어갔다. 누구와 얘기를 나누지도 않았고, 누구에게 눈길을 주지도 않았다. 언제나 홀연히 나타났다가는 홀연히 사라지곤 했다.

　당시 명치정에 드나들던 사람들은 이 정체불명의 사내

를 '깍두기'라고 불렀다. 하지만 그 이름이 무엇인지 직업이 무엇인지 아는 사람이 없었다. 1920년, 30년대의 서울, 그리고 명동. 이곳은 장안의 내로라하는 명물들이 모여드는 곳이었다. 깍두기와 같이 잔뜩 겉멋이 든 자칭 멋쟁이에서 부터 함께 문학과 예술과 인생을 논하고자 했던 예술가와 문인, 지식인 그리고 암울한 시대의 아픔을 극복하지 못하고 스스로 무력증에 빠진 데카당에 이르기까지 다양한 부류의 사람들이 여기로 몰려들었다.

이들의 아지트가 바로 다방이었다. 이 무렵 서울 거리는 이른바 다방의 춘추전국시대를 맞고 있었다. 카카쥬, 멕시코, 엘리자, 모나미, 다이나, 프란스, 낙랑팔러, 돌체 등 그 이름도 모던한 다방들이 여기저기 우후죽순처럼 생겨나 낭만을 찾는 사람들을 끌어들였다. 여기에서 시대의 낭만주의자들은 커피를 마시고 음악을 들으며, 예술과 인생을 논했다.

이 시절 다방을 출입하던 인사들 사이에서는 '벽화(壁畵)'라는 말이 유행했다. 다방에 오는 손님들은 대부분은 서로 막역한 친구 사이인 경우가 많았다. 그래서 한번 다방에 들어오면 나갈 생각을 하지 않았다. 커피나 홍차 한 잔을 시켜 놓고는 하루 종일 죽치고 앉아서 그야말로 본전을 뽑는 경우가 다반사였다. 주인으로서는 참 달갑지 않은 손님일 수도 있지만 그 시절에는 돈을 벌겠다는 생각보다 자기 자신이 음악과 예술을 너무나 사랑해서, 사람들을 만나 예술과 인생에 대해 얘기하는 것을 좋아해서 다방을 연 사람들이 대부분이었기 때문에 이것은 전혀 개의치 않았다. 손님들은 다방에 들어오면 구석진 벽에 등과 머리를 기대고 눈을 감은 채 미동도 하지 않고 음악을 들었다. 그렇게 벽에 붙어 있는 모습이 마치 그림 같아서 그들을 벽화라고 불렀다.

세월이 흘러 1970년대가 되었다. 일제 강점기에 시작된 음악다방의 유구한 역사는 그로부터 반세기가 훌쩍 넘은 이 시대에도 여전히 지속되고 있었다. 아울러 옛 선배들이 세워 놓은 벽화의 전통 역시 명맥을 유지하고 있었으니 그 장본인은 이삭이라는 음악다방에 죽치고 있던 '진 모 씨와 그 일당들'이었다. 대학 시절, 나와 내 친구들은 아침마다 이삭으로 와서 기꺼이 이삭의 벽화가 되었다.

주말이면 다방 안은 미팅을 하는 남녀 대학생들로 북새통을 이루었다. 미팅에서 만난 대학생들이 나누는 대화는 뻔했다. "어디 사세요?" "어느 고등학교 나왔어요?" 이런 식의 호구조사가 끝나고 나면 이번에는 상대방의 문화적 소양을 묻는 질문으로 넘어간다. "어떤 음악을 좋아하세요?" "루이제 린저의 《생의 한가운데》 읽어 봤어요?"라든가 "저는 라흐마니노프 〈피아노 협주곡 2번〉을 좋아해요." "헤르만 헤세의 《지와 사랑》에 나오는 나르치스와 골드문트의 경우를 보면서 영혼의 분열에 대해 생각해 보았어요." 이런 유의 얘기가 오가곤 했다.

그 대화에 가끔 끼어들고 싶은 충동이 일 때도 있지만 참았다. 우린 벽화니까. 벽화는 있는 듯 없는 듯 조용히 구석에 박혀 있어야 하니까. 그렇게 벽에 기대어 음악을 듣다가 영감이 떠오르면 벽이나 테이블에 낙서를 하기도 했다. 자기 자신의 개똥철학을 써놓은 낙서도 있었지만 유명한 시인의 시나 노래 가사를 적어 놓은 것도 있었다.

그중에 기억나는 것이 슈베르트의 〈바위 위의 목동〉이었다. 아! 참 그러고 보니 그 옆에 베토벤의 〈아델라이데〉 가사도 있었지. 필시 독일 가곡을 열성적으로 사랑하는 사람의 소행이리라. 다방에 와서 이 유명한 독일 가곡을 듣는 사람이 행여 가사의 뜻을 모를 새라 친절하게 적어 놓은 것일까 아니면 그냥 스스로 낭만에 겨워 한 일일까 궁금했다.

다방 벽에 누군가 적어 놓은 〈바위 위의 목동〉 가사 덕분에 나는 이 가곡을 더 깊이 이해하고 좋아하게 되었다.

그래서 툭하면 디제이에게 슈베르트의 〈바위 위의 목동〉을 틀어 달라고 부탁하곤 했다. 누가 벽에 가사를 적어 놓았는지 모른다. 굳이 알려고도 하지 않았다. 이삭에 열심히 드나들며 기꺼이 벽화가 되기로 작정한 사람 중 한 명이겠지. 누군지 모르지만 가사를 외웠을 리는 없고, 클래식 명곡 해설집에 실려 있는 가사를 그대로 옮겨 적었을 가능성이 크다. 그 열성이 가상하다. 그게 그 시절 우리의 낭만이자 허영이었다.

높은 바위 위에 서서
저 깊은 계곡을 내려다보며
나는 노래한다.
노래한다.
그 노래가 깊고 어두운 골짜기에서
메아리가 되어 올라온다.
바위틈에서 솟아나는 메아리
저 멀리 날아간 나의 노래가
더 맑은 메아리로 되돌아오는구나!
저 밑에서부터
저 밑에서부터

내게서 멀리 떠나 버린 그대를

나는 사무치게 그리워하노라.

그토록 멀리 있는 그대를

멀리 있는 그대를

깊은 슬픔에 빠져

내 가슴은 타들어 가고

나는 삶의 기쁨을 잃어버렸네.

세상의 모든 희망은 사라지고

나 여기 홀로 외로이 서 있네.

숲속을 울리는 애절한 나의 노래

밤새도록 울리는 애절한 그 노래가

내 마음을 하늘로 끌어 올린다.

놀라운 힘으로

봄은 올 것이다.

봄은 나의 기쁨!

나는 이제 방랑의 길을 떠날 준비를 마쳤다.

　　음악이나 그림, 시 속에서 목동은 대개 전원의 평화를 상징하는 존재로 그려진다. 그리고 전원 속의 목동들은 대개 피리를 분다. 금속으로 된 세련된 모양의 피리가 아니라

나무나 풀 같은 자연의 재료로 만든 피리 말이다.

클래식 악기 중에서 전원 풍경이나 목동의 피리 소리를 대변하는 악기는 클라리넷이다. 클라리넷은 목관악기 중에서 목질(木質)의 음색에 가장 가까운 악기이다. 그래서 그런지 〈바위 위의 목동〉에도 클라리넷이 나온다. 피아노의 간단한 도입부에 이어 클라리넷이 등장하는데, 그 소리가 마치 바위 위에서 부는 목동의 피리 소리 같다. 그렇게 한동안 클라리넷이 목가적인 선율을 연주한 다음에 비로소 노래가 시작된다. 아름다운 노랫소리와 클라리넷의 따뜻한 음색이 어우러진 음악이 마치 한 폭의 풍경화를 보는 것 같은 느낌을 준다.

이삭 다방에서 열심히 〈바위 위의 목동〉을 듣던 나는 어느 날, 문득 이 곡을 직접 부르고 싶다는 생각을 하게 되었다. 물론 이 곡은 잘 부르기가 상당히 힘든 곡이지만 한번 도전해 보고 싶었다. 그래서 악보를 사기 위해 명동에 있는 대한음악사에 갔다. 당시 수입 악보와 클래식 음반을 살 수 있는 유일한 곳이 대한음악사였다. 그런데 악보가 없단다. 하기야 클래식 음악 환경이 척박하기 이를 데 없었던 그 시절에 〈바위 위의 목동〉 같은 희귀(?) 악보를 갖다 놓을 리가 없지.

그 후 나는 혹시나 하는 생각에 학교 도서관에 가서 악보가 있나 검색해 보았다. 그런데 일본 전음악 출판사에서 나온 악보가 있는 것이 아닌가. 얼마나 반갑던지. 곧바로 대출해서 악보를 가지고 신나게 연습실로 돌아왔다. 그리고 피아노 앞에 악보를 펼쳐 놓고 첫 소절부터 부르기 시작했다. 그런데 이렇게 어려울 수가 있나. 이제까지 불렀던 슈베르트 가곡과는 차원이 다르게 어려웠다. 게다가 길이는 또 어찌나 긴지 곡을 익히는데 만도 상당히 긴 시간이 필요할 것 같았다.

그 순간 실기 시험 때 긴 곡을 부르면 교수들이 싫어한다는 것이 생각났다. 부르기도 어려운 데다가 실기 시험 때 교수들에게 밉보이는 것이 바람직한 일은 아니지. 그러니 그냥 포기하자. 이렇게 결론을 내렸다. 그렇게 〈바위 위의 목동〉은 끝내 부르지 못한 노래가 되었다.

그 후로도 나는 이삭 다방 벽에 적혀 있는 가사를 보며 열심히 슈베르트의 〈바위 위의 목동〉을 들었다. 들을 때마다 그렇게 절절할 수가 없었다. 부르지 못하는 노래라고 생각하니 더 그랬던 것 같다. 특히 "나 여기 홀로 외로이 서 있네"라는 구절에서 '외로이(einsam)'라는 단어를 노래하는 대목이 그렇게 절절하게 가슴을 울릴 수가 없었다. 다방 벽에 노래의 가사를 적어 놓은 그 사람도 그렇게 외로웠을까. 바위 위의 목동처럼 멀리 떠난 님을 사무치게 그리워했을까.

　요즘도 〈바위 위의 목동〉을 들을 때마다 이삭 다방의 그 낙서가 생각나곤 한다. 요즘은 미팅이라는 것도 없어졌고, 젊은이들이 만나 클래식 음악이나 문학 작품에 대한 서로의 소양을 탐문하는 시대도 지나갔다. 굳이 벽에 가사를 적어 놓지 않아도 스마트폰만 켜면 언제 어디서든 노래 가사를 검색할 수 있는 시대가 되었다.

　이런 시대에 젊은이들이 우리 식의 낭만을 즐기지 않는다고 한탄해 무엇하랴. 시간은 흐르고 우리의 삶도 흐른다. 그렇게 한물간 세대가 되어 "그 시절이 좋았지. 그것은 낭만이었어."라고 반추하는 것조차 이제는 그냥 부질없는 일이 되어 버렸다.

　그래도 젊은이들에게 말하고 싶다. 우리 세대의 젊음도 충분히 아름다웠다고. 그렇게 아름다운 시절을 추억하는 것만으로도 노년의 이 시간이 충분히 행복하다고.

한여름 밤, 꿈을 꾸다

여름은 젊은 계절이다. 인생으로 치자면 한창 혈기 왕성한 청년기에 해당한다. 이 계절에는 관능이 뱀처럼 고개를 든다. 인생의 전성기를 맞은 청춘들은 낮 동안 작열하는 태양으로부터 젊음의 에너지를 공급받고, 밤에는 여름밤 특유의 분위기에 휩싸인다. 태양이 지고 어둠이 깔리면 신부의 옷자락처럼 부드럽고 신비로운 기운이 대기를 감싸기 시작한다. 한낮에는 느낄 수 없는 여름밤 특유의 미묘하고 환상적인 분위기. 이런 밤이면 현실 세계에서는 일어날 수 없는 기이하고 신비로운 일이 일어날 것 같은 기분이 든다.

셰익스피어의 《한여름 밤의 꿈》은 바로 이런 여름날

밤의 판타지를 펼쳐 놓은 작품이다. 여기서 한여름 밤이란 일 년 중 가장 낮이 긴 하지의 전날 밤, 가톨릭 절기로 치면 성 요한 제의 전날 밤을 말한다. 서양 사람들은 예로부터 이날 밤에 기이하고 신비로운 일이 일어난다고 믿었다. 숲속의 요정들은 이날 밤 일 년 중 가장 성대한 향연을 벌이고, 처녀들은 그 충만한 정기를 받아 사랑의 점을 친다.

셰익스피어의 《한여름 밤의 꿈》에는 몇 쌍의 남녀가 나온다. 서로 사랑하는 사이인 허미아와 라이샌더, 허미아를 짝사랑하는 드미트리우스와 이 드미트리우스를 짝사랑하는 헬레나. 이렇게 두 쌍의 젊은이를 주축으로 해서 이야기가 전개되며, 여기에 아테네 공작 테세우스와 그의 약혼녀 히폴리타 그리고 숲속에 사는 요정 왕 오베론과 요정 여왕 티타니아의 이야기가 곁들여진다.

아테네에 살고 있는 허미아와 라이샌더는 서로 사랑하는 사이이다. 하지만 이들의 사랑에는 방해꾼이 있다. 바로 허미아의 아버지다. 그는 딸이 라이샌더처럼 별 볼 일 없는 놈이랑 사귀는 것을 못마땅하게 생각한다. 사실 그에게는 진작부터 점찍어 놓은 사윗감이 있었다. 장래가 촉망되는 드미트리우스다. 마침 드미트리우스도 허미아를 사랑한다고 하니 아버지로서 이들의 결혼을 추진하지 않을 이유가 없다. 하지만 허미아는 죽어도, 기필코, 반드시 라이샌더하고만 결혼하겠다고 고집을 피운다.

그런데 아테네 법에 의하면 아버지의 명령을 어긴 딸은 사형에 처하게 되어 있단다. 세상에 딸이 아버지의 소유물도 아니고 단지 아버지의 말을 안 듣는다는 이유로 사형에 처한다니. 물론 그리스에 실제로 이런 악법이 있지는 않을 것이다. 셰익스피어가 상황을 좀 더 극적으로 설정하기 위해 고안해 낸 법이 아닌가 싶다.

급박한 상황에 처한 허미아는 라이샌더와 아테네 법이 미치지 못하는 먼 곳으로 도망을 가기로 한다. 허미아에게서 두 사람의 계획을 전해 들은 헬레나는 이 사실을 드미트리우스에게 알리고, 두 사람이 함께 허미아와 라이샌더를 따라 숲으로 들어간다.

한편 이 숲에는 요정 왕인 오베론과 요정 여왕 티타니아가 살고 있다. 현재 이 둘은 사이가 아주 나쁜 상태다. 티타니아가 어디서 아주 귀여운 인도 소년을 데리고 왔는데, 오베론이 그 소년을 자기에게 달라고 하자 티타니아가 거절했기 때문이다. 심술이 난 오베론은 티타니아를 골려 주려고 한다. 그는 장난꾸러기 요정 퍼크를 불러 마법의 꽃을 꺾어 오라고 한다. 그 꽃의 즙을 잠든 사이 눈에다 바르면 사람이든 짐승이든 잠에서 깨어나 처음 보는 것을 열렬하게 사랑하게 만드는 마법의 꽃이다.

퍼크가 돌아오기를 기다리고 있던 오베론은 헬레나가 드미트리우스를 향해 열렬하게 구애를 하고, 드미트리우스가 그녀를 냉정하게 뿌리치는 모습을 보게 된다. 헬레나를 불쌍하게 여긴 오베론은 퍼크에게 마법의 꽃즙을 드미트리우스의 눈에 뿌려 주라고 한다. 그런데 퍼크는 실수로 드미트리우스 대신 라이샌더의 눈에 꽃즙을 뿌린다.

전날 밤 허미아 곁에서 잠이 든 라이샌더는 이튿날 잠에서 깨어나자마자 때마침 자기 앞에 나타난 헬레나를 보고 그녀를 열렬히 사랑하게 된다. 퍼크의 실수로 엄청난 혼란이 생긴 것이다. 나중에 이것을 알게 된 오베론은 이들이 잠든 사이에 다시 마법을 부려 라이샌더는 허미아를, 드미트리우스는 헬레나를 사랑하도록 만들어 놓는다. 이렇게해서 뒤죽박죽이 되었던 관계가 정상으로 돌아오게 된다.

한편 퍼크에게 마법의 꽃을 받은 오베론은 티타니아가 잠든 사이 그녀의 눈에 꽃즙을 바른다. 퍼크는 때마침 숲으로 연극 연습을 하러 들어온 바텀이라는 남자를 괴물로 만들어 버린 다음 잠자고 있는 티타니아 곁에 데려다 놓는다. 이윽고 잠에서 깨어난 티타니아는 괴물로 변한 바텀을 열렬히 사랑하게 되고. 오베론은 괴물과 사랑에 빠진 티타니아를 보고 고소해한다.

하지만 이런 즐거움도 잠시뿐. 얼마 지나지 않아 오베론은 그녀가 불쌍하다는 생각을 하게 된다. 결국 오베론은 마법을 풀어 주고, 퍼크는 괴물로 변한 바텀을 예전의 모습으로 돌려놓는다. 마음이 풀어진 여왕은 인도 소년을 오베론에게 주고, 왕과 여왕은 서로 화해한다.

아레네의 공작 테세우스의 결혼식 날, 숲에서의 우여곡절 끝에 서로의 사랑을 찾은 허미아와 라이샌더, 헬레나와 드미트리우스 커플은 공작 커플과 함께 결혼식을 올린다. 결혼식이 끝나고 신랑 신부가 잠자리에 들 때, 오베론과 티타니아 그리고 요정들이 이들의 앞날을 축복하는 노래를 부른다. 그렇게 셰익스피어의 《한 여름 밤의 꿈》은 해피엔딩으로 끝난다.

1843년, 독일의 작곡가 멘델스존은 프러시아의 빌헬름 왕으로부터 〈한여름 밤의 꿈〉이 공연될 때 사용할 극음악을 작곡해 달라는 부탁을 받았다. 그래서 모두 열두 곡에 이르는 극음악을 작곡했는데, 그것이 바로 멘델스존의 〈한 여름 밤의 꿈〉이다. 그런데 그중에 우리가 잘 아는 음악이 있다. 〈축혼 행진곡〉이다. 극에서는 테세우스 공작의 성에서 세

쌍의 남녀가 결혼식을 올릴 때 나오는데, 우리나라에서는 신랑, 신부가 퇴장할 때 보통 이 곡을 사용한다. 누구나 다 아는 곡이지만 이것이 멘델스존의 〈한여름 밤의 꿈〉에 나오는 곡이라는 사실을 아는 사람은 많지 않다.

멘델스존의 〈한여름 밤의 꿈〉은 신비하고 환상적인 음악으로 가득 차 있다. 세상 어느 작곡가도 이처럼 신비롭게 꿈과 환상의 세계를 표현하지는 못했을 것이다. 가장 아름다운 것은 요정들의 노래다. 요정 여왕 티타니아가 잠자리에 들 때 요정들이 부르는 자장가를 듣고 있으면 세상에 정말 요정이 있다면 이렇게 노래를 부르지 않을까 하는 생각이 들 정도다.

너 쌍 혓바닥을 가진 방울뱀아!
가시 돋친 고슴도치야! 얼씬도 하지 마라.
도롱뇽아! 도마뱀아! 장난치지 마라.
우리 요정 여왕 곁에서 물러나라.
나이팅게일아! 노래해라.
달콤한 자장가를 불러 주렴
자장 자장 잘 자요.
어떤 재앙도, 어떤 마술도, 어떤 유혹도

우리 여왕님 곁에 오지 마라.
자장가를 들으며 좋은 꿈꾸어요.

여성 독창과 합창으로 이루어진 이 노래를 처음 들었을 때, 그 신비한 화음과 환상적인 멜로디에 단번에 매료되고 말았다. 요정은 동화 속에서나 존재한다. 그런데 이렇게 동화 속에서나 존재하는 요정의 노래를 멘델스존이 딱 '요정스럽게' 그렸다. 역시 멘델스존이다.

마지막에 세 쌍이 결혼식을 올리는 광경을 오베론과 티타니아가 흐뭇한 표정으로 바라본다. 그리고 오베론이 요정들에게 말한다.

꺼져가는 난롯불을 옮겨서
이들의 신혼 방에 반짝이는 빛을 비춰 주자.
요정들아! 덤불 속에서 튀어나온 새들처럼
가볍게 춤을 추어라.
나를 따라 노래 부르며
발걸음 가볍게 춤을 추어라.

그러자 티타니아가 이렇게 말한다.

당신이 먼저 노래를 불러 주세요.
한 마디 한 마디 박자에 맞춰서 노래해 주세요.
우리도 손에 손잡고
축복의 노래를 부를게요.

신비롭게 울려 퍼지는 노래를 뒤로 하고, 한여름 밤의 꿈처럼 기이하고 신비했던 남녀의 사랑 이야기는 끝을 맺는다. 그런데 사실 이제까지 나온 모든 이야기들은 실제로 일어난 일이 아니다. 그저 한여름 밤의 꿈, 셰익스피어의 판타지가 빚어낸 한 편의 연극일 뿐이다.

마지막에 현실 세계로의 회귀를 알리는 통과의례처럼 나팔 소리가 들린다. 그리고 백일몽의 환영이 서서히 사라지듯 그 소리 역시 아스라이 사라져간다. 아! 이 모든 것이 정녕 꿈이었단 말인가. 그러나 부디 허무해하거나 슬퍼하지는 말기를. 언제든 마음만 먹으면 멘델스존의 음악을 들으며 황홀하고 행복하고 달콤한 꿈에 빠져들 수 있으니.

에드바르드 그리그 〈피아노 협주곡〉
Edvard Grieg 〈Piano Conerto〉

그 여름의 노르웨이

노르웨이에는 아주 독특한 모양의 바위가 있다. 보기만 해
도 아찔한 이 바위의 이름은 쉐락볼튼이다. 쉐락볼튼으로
가는 길은 트롤퉁가, 프레케스톨렌과 더불어 노르웨이 3대
트레킹 코스로 꼽힌다. 트롤퉁가는 왕복 약 10시간, 쉐락볼
튼은 왕복 약 5시간, 프레케스톨렌은 왕복 약 4시간이 걸린
다. 이 중에서 트롤퉁가가 가장 힘들고, 쉐락볼튼은 중급,
프레케스톨렌은 이보다 쉽다는 얘기를 들었다.

몇 해 전 여름, 노르웨이를 여행했다. 처음에는 이왕
노르웨이에 가는 김에 3대 트레킹 코스를 모두 섭렵할 생
각이었다. 그런데 TV의 한 여행 프로그램에서 트롤퉁가 트

레킹하는 사람이 너무 힘들어하는 것을 보고 마음을 바꾸었다. 사람마다 차이가 있지만 나처럼 등산은 커니와 동네 야산도 올라간 적이 없는 사람이 제일 어렵다는 코스를 오르는 건 무리라고 생각했기 때문이다. 그래서 트롤퉁가는 제외하고 쉐락볼튼과 프레케스톨렌만 가기로 했다.

동네 야산 올라가는 것도 쩔쩔매는 저질 체력이지만 난이도가 '중급'이라는 말에 낚여 쉐락볼튼부터 올라갔다. 하지만 결론적으로 말하자면 나 같은 사람에게 쉐락볼튼은 절대로 난이도 중급의 코스가 아니었다. 난이도라는 게 그렇다. 사람에 따라서 체력이 다 다른데 어떻게 일률적으로 난이도를 매길 수 있을까. 올라가면서 얼마나 힘들던지 정말 그렇게 힘든 줄 알았으면 아예 올라갈 생각도 안 했을 것이다.

쉐락볼튼 트레킹 코스는 초반부터 사람을 질리게 만들었다. 경사가 거의 70도 정도 되는 바위가 눈앞을 가로막고 있는데, 등산 초보인 내게는 그것이 거의 수직의 암벽처럼 보였다. 바위에 쇠기둥이 박혀 있고, 그 쇠기둥에 쇠사슬이 달려 있었는데, 그 쇠사슬에 대롱대롱 매달려 올라야 했다. 등산 장갑이 없었다면 아마 쇠사슬에 손바닥이 다 까였을 것이다. 그때 마음속으로 외쳤다. 이게 무슨 중급이야. 이

건 완전히 에베레스트 등정 수준이잖아.

쇠사슬을 붙잡고 올라가면서 어떻게 하면 이 극심한 육체의 고통을 잊을 수 있을까 생각했다. 그 결과 나 자신을 무념무상의 상태에 두기로 했다. 육체와 정신을 분리하는 것이다. 몸은 몸대로 고생하라고 내버려두고 머리로는 그냥 아무 생각도 안 하는 식으로 내 몸을 객관화시키기로 했다. 하지만 사실 별 효과는 보지 못했다. 육체와 정신이 어디 그렇게 쉽게 분리가 되나. 결국 육체와 정신이 혼연일체가 되어 죽을 만큼 힘들게 올라갔다.

그런데도 마음 한구석에 한 가지 희망은 있었다. 지금은 힘들어도 저 꼭대기까지만 올라가면 이 고생도 끝날 거야. 그러니까 그때까지 힘들어도 참자. 이렇게 생각하며 이를 악물었다. 그런데 이게 웬일인가. 정상에 올라가니 눈앞에 또 다른 거대한 산이 앞을 가로막고 있는 게 아닌가. 아니, 여기가 끝이 아니라고? 저 산을 또 넘어야 한다고? 이런 생각을 하니 정말 울고 싶은 심정이었다. 그런데 그 산을 넘는다고 끝이 아니었다. 그 앞에 또 다른 산이 있었다. 그렇게 "이 산이 아닌가벼"를 반복하며 오르락내리락하기를 세 번. 드디어 비교적 평지에 가까운 고원지대에 이르게 되었다. 그때 호모 사피엔스로서 평지에서 직립 보행을 할 수 있다는 것이 얼마나 고마운 일인지 비로소 깨닫게 되었다.

이렇게 고생스럽게 트레킹을 시작한 지 3시간 반 만에 드디어 쉐락볼튼에 도착하게 되었다. 사람들이 바위 위에 올라가 사진을 찍고 있는 것이 보였다. 한국에서는 나도 저 바위 위에서 사진을 찍을 것이라고 호언장담했었다. 그런데 막상 가까이 가 보니 그게 아니었다. 사람들이 많이 올라가서 그런지 바위 위에 흙이 많았는데 그 흙 때문에 발이 미끄러질 것 같았다.

저렇게 사람들이 많이 올라가니 언젠가는 그 무게 때문에 바위가 밑으로 떨어질 지도 몰라. 내가 바위 위에 올라간 바로 그 순간에 그런 일이 일어나지 않는다는 보장이 어디 있어? 그러면 한국 신문에 이렇게 나겠지.

"한국에서 온 진 모 씨. 수 만년 세월을 버텨 온 쉐락볼튼과 함께 장렬히 추락하다."

아니. 이건 아니지. 내가 고국에 돌아가서 완수해야 할 국가적, 역사적 책무가 얼마나 막중한데. 내가 여기서 죽으면 대한민국은 누가 지키나. 이런 구국의 일념으로 나는 바위 귀퉁이에 살짝 발을 올려놓고 사진 찍는 것에 만족하기로 했다. 지금 사진을 보니 거대한 바위에 앉은 내 모습이 마치 점처럼 보인다. 그렇게 나는 노르웨이의 거대한 자연에 점 하나를 찍고 왔다.

인증샷을 찍고 나니 비로소 주변 풍광이 눈에 들어오기 시작했다. 거대한 바위와 깎아지를 듯 높은 절벽 그리고 그 절벽 밑에 펼쳐져 있는 푸른빛의 피오르. 나는 그 장대한 스케일에 그만 압도당하고 말았다. 문득 어렸을 때 본 〈송 오브 노르웨이〉라는 영화가 생각났다. 〈송 오브 노르웨이〉는 노르웨이를 대표하는 작곡가 그리그의 일생을 담은 영화다. 영화는 노르웨이 대자연의 풍광을 화면 가득 시원하게 보여주는 것으로 시작하는데, 이때 '우르르르 꽝' 하고 천둥치는 것과 같은 음악이 나온다. 그리그의 〈피아노 협주곡〉이다.

그리그의 〈피아노 협주곡〉에는 내가 노르웨이를 여행하면서 보았던 그 모든 경이로운 풍경들이 그대로 담겨 있다. 노르웨이의 대자연을 직접 체험하고 나서야 나는 비로소 이 곡을 제대로 이해할 수 있게 되었다. 그리그는 시원한 물줄기를 쏟아내는 거대한 폭포, 물 위에 깎아지를 듯 높이 치솟은 절벽, 보석같이 아름다운 푸른빛의 피오르, 만년설 위에 '쨍'하고 반사되는 날카로운 햇빛, 계곡에 드리워진 서늘한 산 그림자, 호수에 비치는 험준한 산세의 데칼코마니, 산등성이에 하늘거리는 각양각색의 들꽃들, 바위

틈을 따라 흘러내리는 작은 물줄기 등을 때로는 강렬한 터치로, 때로는 영롱하고 섬세한 터치로 그렸다. 음악을 듣고 있으면 시시각각 변화무쌍하게 펼쳐지는 대자연의 소리에 감탄사가 절로 나올 정도다.

이 곡에서 가장 인상적인 부분은 처음의 도입부다. 팀파니가 크레센도로 발 구르는 소리를 내면 피아노가 높은 곳에서 '쾅' 폭발하듯 시작해 양손으로 옥타브를 치면서 격정적으로 하강하는데, 그 소리가 마치 폭포와 같다. 듣고 있으면 거대한 폭포에서 시원한 물줄기가 밑으로 거침없이 쏟아져 내리는 광경이 떠오른다.

노르웨이에는 폭포가 정말로 많다. 〈송 오브 노르웨이〉에는 유명한 쌍둥이 폭포 라레포센이 나오는데, 차를 타고 지나가다 우연히 이 폭포를 보았다. 그런데 라레포센이 유명하다고는 하지만 사실 이 폭포는 노르웨이의 다른 폭포에 비하면 규모가 큰 편이 아니다. 노르웨이에서 이런 정도의 폭포는 어디서나 흔하게 볼 수 있는데, 대개는 이름도 없는 '돈보잡' 폭포다. 처음에는 폭포가 나오면 감탄하며 사진을 찍었다. 그런데 이런 폭포가 하도 많이 나오니까 나중에는 그냥 지나치게 되더라.

그리그는 키가 160센티미터도 되지 않는 단신이었다.

이렇게 아담한 사이즈의 남자가 마치 태산같이 큰 작품을 썼다. 그 힘은 노르웨이의 웅대한 자연에서 나오는 것이리라. 노르웨이의 자연이 그에게 이토록 힘찬 음악을 쓸 수 있는 에너지를 주었던 것이다. 쉐락볼튼의 절벽 위에서 주변의 장엄한 풍광을 바라보며 나는 그리그 음악의 저력을 다시 한번 실감할 수 있었다.

쉐락볼튼에서 내려오는 일 역시 만만치 않았다. 등산은 한 번 올라가면 그다음에는 내려오기만 하면 되지만 쉐락볼튼은 그렇지 않다. 처음과 똑같이 오르고 내리기를 세 번이나 반복해야 한다. 그런데 다리에 힘이 풀려서 그런지 내려가는 것이 더 힘들었다. 이때는 정말 무념무상이 불가능했다. 내 뇌가 착지하기 좋은 지점과 시점, 자세를 종합적으로 판단하느라 너무 바빴기 때문이다. 나중에는 쇠사슬을 붙잡고 거의 미끄러지듯 내려왔다.

평지에 도달한 순간 이 어려운 코스를 저질 체력인 제가 해냈다는 뿌듯함에 하늘을 날 것만 같았다. 너무 기분이 좋아 남편과 하이 파이브를 했더니 이를 보던 주차요원들이 물개 박수를 치며 축하해 주었다. 겨우 쉐락볼튼 올라갔다 온 건데, 축하의 수준은 거의 에베레스트 등정급이었다.

J. S. 바흐 〈음악의 헌정〉
J. S. Bach 〈The Musical Offering〉

상 수시는 비에 젖어

얼마 전에 〈눈물의 여왕〉이라는 드라마를 보다가 눈에 익은 장소가 나와 반가웠다. 독일 베를린 근교의 포츠담에 있는 상 수시 궁전이었다. 남녀 주인공이 그 유명한 상 수시의 계단 정원에서 만나는 장면이었는데, 드라마로 찍으니 실제보다 훨씬 멋있어 보였다.

상 수시는 프로이센을 다스렸던 프리드리히 대왕의 여름 궁전이다. '상 수시'라는 말은 프랑스어로 '근심 걱정이 없다'는 뜻인데, 이것이 시사하듯 상 수시는 왕이 공적인 업무를 보는 베를린의 궁과는 달리 마음에 맞는 친구들과 '근심 걱정 없이' 노는 곳이었다. 왕은 여러 가지 취미를 가지고 있었는데, 그중 으뜸은 음악이었다. 특히 그의 플루트 연주는 취미를 넘어 거의 전문 연주가를 넘보는 수준이었다고 한다.

프리드리히 대왕은 왕자 시절에 궁정 악단의 연주자로 요한 세바스찬 바흐의 아들인 카를 필립 엠마누엘 바흐를 기용했다. 그리고 왕이 된 후에는 그를 자신의 전속 반주자이자 베를린 궁정 예배당의 하프시코드 연주자로 앉혔다. 왕은 상 수시에서 수시로 음악회를 열고 자신이 직접 궁정 악단과 함께 플루트 협주곡을 연주했는데, 그때마다 엠마누엘 바흐가 왕의 전속 반주자로 하프시코드 반주를 했다.

당시 프리드리히 대왕은 엠마누엘 바흐의 아버지인 요한 세바스찬 바흐를 만나고 싶어 했다. 하지만 바흐는 쉽게 왕의 초대에 응할 수 없었다. 라이프치히 성 토마스 교회의 음악감독으로 일하느라 워낙 바빴기 때문이다. 그러다가 엠마누엘 바흐의 아들이 태어났다. 바흐는 손자를 보기 위해 포츠담을 방문했고, 그때 왕의 초대를 받아 상 수시에 오게 되었다.

내가 처음 상 수시를 찾은 것은 독일 통일 직후인 1991년이었다. 그때는 여름이었는데, 그 후 봄에 한 번, 가을과 늦겨울에 각각 한 번씩 총 네 번을 이곳에 다녀왔다.

그래서 나는 계절마다 다른 분위기를 가진 상 수시의 다양한 모습을 알고 있다. 그중에서 봄은 계단 정원의 식물이 가장 싱그러운 초록빛을 자랑할 때다. 바흐가 상 수시를 찾았을 때가 바로 이때였다. 1747년 5월, 바흐는 왕을 만나러 드라마 속에 나오는 바로 그 계단을 올라 궁으로 들어갔다.

음악에 진심이었던 프리드리히 대왕은 바흐와 만난 자리에서 작곡가로서 그의 능력을 시험해 보고 싶어 했다. 바흐가 즉흥적으로 푸가를 작곡하는 능력이 뛰어나다는 소문을 듣고 정말 그런지 직접 확인하고 싶었던 것이다. 푸가는 다성음악 작곡의 한 기법이다. 먼저 한 성부가 주제를 제시하면, 다른 성부들이 시차를 달리하면서 이것을 따라 하는 것인데, 간단하게 기악으로 연주하는 돌림노래라고 생각하면 된다. 왕은 바흐에게 주제를 하나 주고, 이것을 가지고 3성 푸가를 만들어보라고 했다.

역시 소문대로였다. 바흐는 왕이 제시한 주제를 가지고 그 자리에서 즉흥적으로 3성 푸가를 만들었다. 그러자 왕은 같은 주제로 이번에는 6성 푸가를 만들라고 했다. 하지만 바흐는 왕이 제시한 주제로는 6성 푸가가 불가능하며, 모든 주제가 6성 푸가에 어울리는 건 아니라는 말로 왕을 무색하게 만들었다.

그 후 바흐는 라이프치히로 돌아갔다. 그리고 몇 달 후, 왕이 제시한 주제를 가지고 푸가 작품을 만들어 왕에게 바쳤는데, 그것이 그 유명한 〈음악의 헌정〉이다.

"지극히 자애로우신 폐하,
그지없이 인자하신 국왕 폐하, 미천한 소인은 폐하의 귀하신 손으로 직접 지으신 선율의 가장 고귀한 부분으로 만든 이 〈음악의 헌정〉을 바칩니다. 한없는 기쁨으로 저는 아직도 아주 특별한 폐하의 은총을 기억하고 있습니다."

〈음악의 헌정〉 악보의 표지에 있는 바흐의 헌사 중 일부다. 미천한 소인, 폐하의 귀하신 손, 가장 고귀한 부분, 한없는 기쁨, 특별한 폐하의 은총, 폐하의 명령에 복종, 겸허한 의무 등의 표현을 보면 바흐가 왕 앞에 자기 자신을 한없이 낮추고 있다는 것을 알 수 있다. 오늘날 '음악의 아버지'라 불리며 전 세계인의 추앙을 받고 있는 바흐이지만 당시에 그는 왕과 귀족, 교회의 요구에 따라 움직이는 하인에 불과했다. 바흐 자신도 헌사의 말미에 스스로를 '아주 보잘 것없는 당신의 종'이라고 지칭할 정도였으니 말이다.

여기서 주목할 것은 왕의 주제이다. 이 주제는 왕이 직접 작곡했다는 설도 있고 다른 사람이 작곡했다는 설도 있는데, 당시의 기준으로는 상당히 난해한 주제였다. 상승했다 하강할 때 반음씩 순차적으로 내려오는데, 박자가 불규칙하고 반음계가 들어 있어 푸가의 주제로는 적합하지 않았다.

그럼에도 불구하고 이런 난해한 주제를 제시한 것은 무슨 까닭일까? 여기에는 일종의 과시욕이 작용하지 않았나 싶다. 프리드리히 대왕은 플루트 주자이자 작곡가였다. 비록 작곡 실력은 그저 그랬지만 그래도 명색이 작곡가인데, 남들처럼 평범한 주제를 제시하고 싶지는 않았을 것이다. 더구나 바흐 같은 대가 앞에서 말이다.

다른 한편으로는 푸가 작곡가로서 바흐의 실력을 테스트해 보고 싶은 마음도 있었을 것이다. 네가 이렇게 난해한 주제를 가지고 푸가를 얼마나 잘 작곡하는지 어디 한번 보자. 뭐, 이런 마음이 아니었을까. 여하튼 바흐는 푸가의 대가답게 왕이 제시한 이 주제를 가지고 멋진 곡을 만들었다. 하지만 프리드리히 대왕은 바흐가 심혈을 기울여 작곡한 이 곡을 생전에 한 번도 안 들었다고 한다.

〈음악의 헌정〉은 모두 아홉 곡으로 이루어져 있다. 연주 시간이 한 시간이 넘는 대작인데, 왕의 주제가 성부를 달리하면 계속 나오기 때문에 듣다 보면 멜로디가 금세 귀에 익숙해진다. 그런데 그 느낌이 묘하다. 명확하지 않고 애매모호하다. 특히 반음씩 밑으로 내려오는 부분이 그렇다. 안개에 싸여 있는 느낌이라고나 할까. 난 이 부분을 들을 때마다 어느 가을날, 상 수시의 숲길을 걸었을 때가 생각나곤 한다. 그 가을날, 무대는 비가 내리고 있었다.

상 수시는 궁전치고는 규모가 작은 편에 속한다. 그런데 프리드리히 대왕은 7년 전쟁 이후 근처에 상 수시보다 규모가 큰 새로운 궁전을 지었다. 일대의 부지가 어마어마하게 넓은데, 그래서 상 수시를 제대로 보려면 하루 날을 잡아야 한다. 걸어서 궁전까지 가는 데만도 한참 시간이 걸리기 때문이다. 상 수시와 신궁전 일대는 방대한 공원으로 꾸며져 있다. 나무가 우거진 숲길 사이로 난 길을 따라 궁까지 가는 동안 넓은 잔디밭과 온갖 종류의 아름다운 꽃이 피어있는 정원, 과일나무가 자라는 과수원, 열대 과일나무를 키우는 온실, 아름다운 연못과 분수, 꽃의 여신 플로라와 과일의 여신 포모나의 석상을 비롯한 각종 석상, 오벨리스크, 로마의 콜로세움을 본따 만든 인공의 폐허 등을 볼 수 있다.

내가 처음 상 수시에 갔을 때는 계절이 여름이었다. 그 후 늦가을에 다시 갔는데, 여름에 갔을 때와는 분위기가 완전히 달랐다. 모든 것이 소멸해 가는 상 수시의 가을. 그 퇴영적인 분위기가 그렇게 운치 있을 수가 없었다. 가을비에 젖은 낙엽을 밟으며 숲길을 걸을 때, 이 분위기에 어울리는 음악이 무엇일까 생각했다. 역시 왕의 주제야. 이렇게 축축한 가을의 배경음악으로는 안갯속을 헤매듯 미묘하고, 신비롭고, 모호한 음악이 제격이지. 가을이 되면 낙엽 진 길을 걸으며 쇠락해 가는 계절의 정취를 맛보고 싶어진다. 가을의 상 수시는 그런 분위기를 느낄 수 있는 곳이다. 만약 가을에 상 수시에 가서 영화 속 가을 여자의 분위기를 내고 싶다면 꼭 준비해야 할 것이 있다. 바로 바바리코트다. 가을에 바바리코트를 입고 상 수시의 숲속을 걸으면 마치 영화의 주인공이 된 듯한 기분이 들 것이다. 이럴 때 비라도 와 주면 그보다 더 좋을 수가 없겠지.

비 오는 날을 어떻게 맞추냐고? 걱정하지 마시라. 독일의 날씨는 맑은 날보다 우중충하고 비 오는 날이 더 많다. 그러니 쓸데없는 걱정은 하지 말고, 바바리코트를 챙기는 것만 잊지 않도록.

표트르 차이콥스키 〈교향곡 제6번 '비창'〉
Pyotr Tchaikovsky 〈Symphony no.6 'Pathétique'〉

비극을 예고하는 장대한 겨울 음악

학창 시절, 아버지의 서가(書架)는 내 상상력의 원천이었다. 거기에는 세계문학전집과 한국문학전집은 물론이고 온갖 종류의 철학서와 사상서가 빼곡히 꽂혀 있었다. 그 생경한 저자 이름과 책 제목이 내 지적인 호기심을 자극했다. 서가 앞에 서면 그때까지 내가 미처 알지 못했던 새로운 세계가 무궁무진하게 펼쳐지는 것 같았다. 읽지 않고 그저 저자 이름과 제목을 훑어보는 것만으로도 가슴 벅찬 지적 포만감을 느끼곤 했다.

그중 톨스토이의 《안나 카레니나》와 《부활》을 감명 깊게 읽었던 기억이 난다. 아버지 서가에 꽂혀 있는 많은 책

중에서 굳이 러시아 소설을 골라 읽은 것은 당시 러시아라는 나라에 일종의 환상 같은 것을 갖고 있었기 때문이다. 그 계기가 된 것은 중학교 때 학교에서 단체 관람으로 보았던 〈닥터 지바고〉라는 영화였다. 영화에서 화면 가득 펼쳐지는 러시아의 겨울 풍광이 그렇게 환상적일 수가 없었다. 게다가 지바고 역을 맡은 오마 샤리프는 또 왜 그렇게 잘생겼는지. 그렇게 잘생긴 남자가 사랑하는 여인과 가슴 저린 이별을 하는 장면이 사춘기 소녀의 가슴을 울렸다.

그 후에 《안나 카레니나》와 《부활》을 읽었다. 〈닥터 지바고〉와 마찬가지로 《안나 카레니나》와 《부활》에서도 여주인공의 사랑은 모두 비극으로 끝난다. 그런데 사춘기 때는 이루어진 사랑보다 이루어지지 않은 사랑에 더 감동을 받는 법이다. 그녀들의 삶이 그렇게 애잔할 수가 없었다. 그렇게 〈닥터 지바고〉의 라라와 《안나 카레니나》의 안나 그리고 《부활》의 카츄샤는 오랫동안 내 가슴을 울리는 비운의 트로이카가 되었다. 지금 생각해 보면 '비련의 여주인공'이 내 취향이었던 것 같다.

그런데 그로부터 수십 년이 흐른 지난 1997년, 소피 마르소가 주연으로 나온 영화 〈안나 카레니나〉를 보면서 〈닥터 지바고〉를 보았을 때와 비슷한 감동을 느끼게 되었다. 그

때도 나를 감동시킨 것은 화면 가득 펼쳐지는 러시아의 겨울 풍광이었다. 끝없이 펼쳐진 광대한 눈밭, 그 위를 매섭게 몰아치는 바람, 바람에 흘날리는 눈송이, 호수에 떠 있는 거대한 얼음 조각. 이 모든 것들이 러시아가 겨울의 나라라는 것을 말해 주고 있었다.

영화에 주제곡으로 사용한 음악도 장대한 겨울의 나라 러시아를 느끼게 한다. 바로 차이콥스키의 〈비창 교향곡〉이다. 이 영화에서는 〈비창 교향곡〉이 전편에 흐르면서 정서적으로 일관된 톤을 유지하는 음향적 배경의 역할을 하고 있다. 그 일관된 이미지는 안나 카레니나의 운명처럼 어둡고 비극적인 것이다.

〈비창 교향곡〉을 듣고 있으면 겨울의 나라 러시아가 느껴진다. 태양이 숨어 버린 동토(凍土)의 춥고 어두운 겨울, 광대한 시베리아 벌판 위를 부는 바람 같은 거대하고 서늘한 슬픔이 생각난다. 태양 빛을 받지 못하고 사는 사람들 특유의 근원적인 우울, 〈비창 교향곡〉은 바로 이런 우울을 담고 있는 곡이다.

〈비창 교향곡〉은 차이콥스키가 작곡한 여섯 개의 교향곡 중 마지막 곡이다. 그가 이 교향곡에 '비창'이라는 제목을 붙인 것은 동생의 제안에 따른 것이라고 한다. 하지만 음악을 듣고 있으면 '비창' 외에 여기에 어울리는 제목이 또 있을까 하는 생각이 든다.

모스크바역에서 브론스키 백작을 우연히 만나기 전까지 안나는 사랑이라는 것이 무엇인지 몰랐다. 이미 결혼을 해서 8살짜리 아들이 있음에도 불구하고 그녀는 여전히 젊고 아름다웠다. 결혼이라는 인습에 갇혀 지내기에는 너무 젊었다. 날마다 반복되는 일상 속에서 서서히 권태에 빠져들어가던 안나 앞에 어느 날 갑자기 한 남자가 나타났다. 바로 브론스키 백작이었다. 브론스키와의 만남은 어둠 같은 그녀의 인생에 한 줄기 빛이었다. 그가 잠자고 있던 안나의 욕망에 불을 붙였다.

오빠를 만나러 모스크바로 왔던 안나는 그 후 상트페테르부르크의 집으로 돌아가기 위해 기차를 탄다. 중간에 잠시 기차가 멈춘 사이 바람을 쐬러 밖으로 나온 안나는 뜻밖에 브론스키 백작을 발견하고는 놀란다. 깜짝 놀란 안나가 여기서 뭐하냐고 묻자 브론스키는 당신이 가는 곳이라면 어디든 따라가겠다고 말한다. 안나는 그러면 안 된다고 하지만 그녀의 마음은 이미 브론스키에게 가고 있었다.

황량한 겨울날, 눈보라가 휘몰아치는 러시아의 어느 기차역에서 위험한 사랑의 수렁에 빠져 버린 두 남녀가 서로 마주 보고 서 있다. 휘날리는 눈보라를 맞으며 거부할 수 없는 운명적 사랑에 갈등하는 안나의 고혹적인 아름다움을 배경으로 그 유명한 〈비창 교향곡〉 1악장의 주제선율이 흐른다.

이 영화의 주제곡이라 할 수 있는 1악장의 주제선율은 그 후로도 몇 차례 더 나온다. 안나가 브론스키와 처음으로 육체적 접촉을 갖기 시작하는 장면, 안나가 남편에게 브론스키와의 관계를 고백하는 장면, 그리고 아이를 유산하고 병석에 누운 안나를 브론스키가 데려가는 장면이 바로 그것이다. 영화 전반에 걸쳐 〈비창 교향곡〉이 많이 나오지만 극적인 측면에서 볼 때 특히 여기에 나오는 1악장의 주제선율이 가장 큰 비중을 차지한다고 할 수 있다.

이 멜로디의 아름다움을 어떻게 표현해야 할까. 단순히 '아름답다' 혹은 '슬프다'라는 느낌을 넘어선 그 무엇, 오직 우수와 비애를 아는 사람만이 느낄 수 있는 비장하고도 처연한 아름다움이라고나 할까. 숙명적인 슬픔의 심연을 파고드는 1악장 주제선율의 장대한 울림이 안나와 브론스키의 사랑에 깊은 음영을 드리운다.

그 후 안나는 브론스키와 부적절한 동거생활을 시작한다. 하지만 이런 행복도 잠시. 고통스러운 시간이 찾아왔다. 이혼 문제가 좀처럼 해결이 되지 않는 가운데 아들에 대한 그리움은 날이 갈수록 사무쳐갔다. 주변 사람들의 입방아를 피해 하루 종일 집 안에 갇혀 지내는 시간이 계속된다. 브론스키의 애정이 예전만 못하다는 것을 느끼기 시작하면서 안나는 서서히 죽어 간다.

안나는 사랑을 지키기 위해 몸부림쳤지만 결국 실패하고 말았다. 그토록 굳건할 것 같던 브론스키와의 사랑은 거대한 사회적 편견 앞에서 힘없이 무너지고 말았다. 마지막 희망인 브론스키마저 자기를 버렸다고 생각했을 때 안나는 더 이상 살아갈 힘을 잃었다. 브론스키와 한바탕 말다툼을 벌인 후 거리로 나온 안나는 마차를 타고 생의 마지막 장소인 기차역으로 향한다.

기차역에 도착한 안나는 반쯤 정신이 나간 표정으로 무언가를 중얼거리기 시작한다. 바로 이때 영화의 대미를 장식하는 〈비창 교향곡〉의 4악장이 흐른다. 〈비창 교향곡〉의 네 악장 중에서 가장 유명한 악장은 물론 1악장이다. 하지만 나는 개인적으로 '비창'이라는 제목에 더 어울리는 악장은 4악장이라고 생각한다. 1악장의 주제 선율도 좋지만 '처연한 슬픔' '비극적 최후'라는 측면에서 보면 4악장이 훨씬 여기에 가깝기 때문이다.

안나가 대합실에 앉아 최후를 맞을 준비를 하는 동안 〈비창 교향곡〉의 4악장이 흐르기 시작한다. 기차가 흰 연기를 뿜으며 서서히 역으로 들어온다. 기차가 다가오자 안나는 점점 더 철로 쪽으로 몸을 숙이고, 분위기를 고조시켜 나가는 음악은 이제 그녀에게 비극적 종말이 다가왔다는 것을 예고한다. 그리고 그 음악의 절정에서 안나는 마침내 철로 위로 몸을 던진다. 그녀의 몸이 슬로 모션으로 천천히 밑으로 떨어진다.

비극은 끝났다. 차이콥스키의 비장한 선율을 배경으로 안나는 끝내 기차에 몸을 던졌다. 기차가 지나가고 난 후 피에 젖은 안나의 눈이 파르르 감긴다. 촛불이 꺼진 후 어둠 속에서 안나의 목소리가 들려온다.

"신이여. 모든 것을 용서하소서."

사랑한 것이 용서를 빌 만큼 죄는 아니라고 생각할 수도 있다. 그래. 사랑은 죄가 없지. 죄는 없지만 뒤끝은 있다. 특히 그 사랑이 사회 통념상 허용되지 않는 것일 때는 더욱 그렇다. 그런 사랑 뒤에는 반드시 눈물과 통곡이 따라오게 마련이다. 하지만 젊은이들에게 아무리 이렇게 얘기한들 무슨 소용이 있을까. 그 열망의 절정에 있을 때는 그런 소리가 귀에 안 들리는 것을.

6장

이제는 돌아와 거울 앞에 서다

프리드리히 폰 플로토 〈여름의 마지막 장미〉
Friedrich von Flotow 〈The Last Rose of Summer〉

외로운 그대 홀로 남겨 두지 않으리

흔히 장미는 꽃의 여왕이라고 한다. 그래서 연인들이 사랑의 말을 꽃으로 대신할 때 장미를 바치곤 한다. 여름날 정원에서 가장 화려하고 당당하게 자신의 자태를 뽐내는 것도 장미이다. 하지만 여름이 끝나면 장미의 전성기도 끝이 난다. 전성기가 찬란했던 만큼 그 몰락은 더욱 드라마틱하다. 한때 화려한 자태를 뽐내던 장미가 쭈글쭈글한 꽃잎을 하나둘씩 떨어뜨리는 것을 보고 있으면 생명이 참 덧없다는 생각을 하게 된다. 그러나 어쩌랴. 세상에 태어난 모든 생명은 언젠가는 소멸하게 되어 있는걸.

아일랜드의 킬케니 카운티에는 젠킨스타운이라는 이

름의 성이 있다. 이 성은 1798년에 바미스의 벨로우 남작이 아들 패트릭의 탄생을 기념하기 위해서 지은 것이다. 지금은 건물 대부분이 무너졌지만 당시에는 꽤 큰 규모의 성이었다.

1805년, 아일랜드의 시인 토마스 모어가 초대 손님으로 이 성에 묵게 되었다. 그런데 그가 성을 찾았던 때가 아마 늦여름이었던 것 같다. 정원의 장미들이 다 시들어 가고 있었기 때문이다. 그때 정원을 산책하던 토마스 모어는 꽃잎이 다 떨어진 장미 나뭇가지 하나에 꽃 한 송이가 혼자 외로이 남아 있는 것을 보았다. 그것을 보고 그는 친구들이 모두 떠나고 혼자 남은 사람의 마음을 담은 〈여름의 마지막 장미〉라는 시를 지었다.

이 시를 지을 당시 토마스 모어의 나이는 26살. 아직 죽음을 생각하기에는 이른 나이였다. 하지만 몇 년 전, 그는 가까운 친구를 잃는 아픔을 겪었다. 그가 더블린에 있는 트리니티 대학에 다니고 있을 때였다. 당시 아일랜드에서는 가톨릭교도들과 일부 개신교도들이 서로 협력해서 자신들의 정치적 권리를 요구하는 투쟁을 벌이고 있었다. 때마침 프랑스 혁명이 일어나자 이에 자극받은 아일랜드 사람들은 아일랜드 연합을 결성하고 무장 혁명에 나섰다. 하지만 결과는 실패였다. 혁명에 가담한 사람들은 반역죄로 처형되었는데, 그중에 토마스 모어의 친구 로버트 엠넷도 있었다.

젊은 나이에 비극적으로 세상을 떠난 친구를 보면서 토마스 모어는 죽음에 대해서, 그리고 살아남은 자의 슬픔과 고독에 대해서 깊이 생각하게 되었다. 〈여름의 마지막 장미〉는 이런 토마스 모어의 상실감을 담은 시다.

언제부터인가 〈여름의 마지막 장미〉는 노래로 불리게 되었다. 노래에는 여러 가지 버전이 있는데, 그중 가장 널리 알려진 것은 플로토의 오페라 〈마르타〉에 나오는 〈마지막 장미〉다.

여름의 마지막 장미
홀로 외로이 피어 있구나.
사랑하는 친구들 모두
시들거나 사라져버렸다
한때 친구였던 꽃들도 사라지고
꽃망울조차 볼 수가 없구나.
붉은빛으로 빛났던 시절을 반추하며
그저 한숨 쉬고 또 쉴뿐.

6장 이제는 돌아와 거울 앞에 서다

외로운 그대 홀로 남겨 두고

난 떠나지 않으리.

줄기 위의 여윈 꽃망울이여!

사랑하는 이들 모두 잠들어 있으니

그대도 가서 친구 곁에서 쉬어요.

그러면 내가 그 무덤 위에

그대 꽃잎 뿌려 주리다.

정원의 그대 친구들이

향기를 잃은 채 누워 있는 그곳에.

친구들이 떠나면

나도 곧 그들을 따라가리.

한때 사랑으로 빛나던

그 보석들이 모두 떨어져 버렸구나.

진실한 영혼들이 죽어 누워 있고

다정한 벗들이 저 세상으로 날아가 버렸을 때

오! 누가 홀로 살아남기를 원하겠는가!

이토록 삭막한 세상에.

인생의 말년에 사랑하는 친구들이 하나둘 세상을 떠나

는 것을 지켜보는 것은 고통스러운 일이다. 그것을 지켜보며 홀로 죽음을 기다리는 것보다는 차라리 먼저 떠나는 게 낫다. 노래 가사처럼 진실한 영혼이 모두 무덤에 누워 있고, 다정한 벗들이 모든 떠난 이 삭막한 세상에 누가 홀로 살아남고 싶겠는가.

이 노래를 들을 때마다 지금은 돌아가신 친정엄마 생각이 난다. 우리 엄마는 신체적으로나 정신적으로 나이에 비해 매우 건강한 사람이었다. 그런데 언제부터인가 정신적으로 조금씩 무너지는 것이 보였다. 이와 더불어 건강도 급격히 나빠졌다. 그래서 어느 날, 내가 그 이유를 물었다.

"내 친구가 있거든. 맨날 주민 센터에서 같이 일본어 공부하는 친구였는데, 얼마 전에 죽었어."

엄마가 힘없는 목소리로 이렇게 말했다. 그런데 사실 엄마가 경험한 죽음이 이게 처음은 아니었다. 언제부터인가 주변의 친구들이 세상을 떠나기 시작했다. 그럴 때마다 엄마는 조금씩 무너졌다. 그런데 이제 마지막 남은 친구마저 세상을 떠난 것이다. 이토록 삭막한 세상에 홀로 남겨졌으니 얼마나 무서웠을까.

사실 나는 엄마와 정서적으로 그렇게 가까운 사이는 아니었다. 서로 살갑게 지내는 모녀도 있지만 우리는 서로에게 그저 데면데면했다. 엄마와 나는 세상을 보는 눈이 달랐다. 젊었을 때는 이게 불만이었다. 하지만 나이가 들어서는 그냥 엄마의 삶을 존중하기로 했고, 그건 엄마도 마찬가지였다. 그래도 미련을 못 버리고 가끔 나에 대한 소망을 슬쩍 내비치기도 했지만 그때마다 내가 워낙 강력하게 저항해서 그런지 나중에는 엄마도 포기한 듯했다. 그렇게 우리 모녀는 각자의 경계를 침범하지 않은 채 자신의 영역에서 자기만의 삶을 살았다.

친구들에 비해 건강했던 엄마는 여름의 마지막 장미처럼 홀로 외로이 말년을 보냈다. 그러는 동안 정서적으로 약한 모습을 많이 보였다. 하지만 말년의 외로움이 어떤 건지 잘 몰랐던 나는 엄마를 매몰차게 대했다. 외롭다고 하면 "인간은 원래 외로운 거야." 이러면서 건방을 떨었다. 그러는 사이에 엄마의 심신은 점점 피폐해졌고, 결국 인지능력이 떨어져 정상적인 대화가 불가능한 상태가 되었다.

영화를 보면 임종을 앞둔 사람이 가족들과 마지막 인사를 나누는 장면이 많이 나온다. 하지만 이렇게 의식이 있는 상태에서 마지막 인사라도 나눌 수 있다면 그건 복받은 인생이다. 엄마는 그러지 못했다. 엄마하고 그렇게 살가운 사이는 아니었지만 그래도 내게 엄마의 마지막은 슬펐다.

엄마라서가 아니라 그냥 하나의 인간으로서 그렇게 가여울 수가 없었다. 숨을 거둔 엄마의 얼굴을 보는 순간 말년에 엄마가 겪었을 외로움과 쓸쓸함이 읽혀 마음이 아팠다. 내 가슴 저 깊은 곳에서부터 통곡이 올라오는 것 같았다. 평생 따로 놀다가 죽음이라는 과정을 통해서야 비로소 모녀가 정서적 교감을 하게 되다니. 인생 참 아이러니하다는 생각이 들었다.

돌이켜 생각해 보면 그렇게 후회될 수가 없다. 엄마가 겪은 그 허망한 이별의 순간이 언젠가는 나에게도 닥칠 텐데, 뭐 잘났다고 인생의 마지막 길을 준비하는 사람에게조차 그렇게 무심했는지 모르겠다. 토마스 모어가 홀로 남은 장미에게 얘기했듯 엄마에게 "사랑하는 친구들이 모두 간 곳에 엄마도 가서 친구 곁에서 편하게 쉬세요." 이렇게 말할 수도 있었는데 말이다.

〈여름의 마지막 장미〉는 그저 슬프기만 한 시는 아니다. 그 안에 위로를 담고 있기 때문이다. "외로운 그대 홀로 남겨두고 나 떠나지 않으리." 혼자 세상을 떠나는 사람에게 이처럼 위로가 되는 말이 또 있을까. 이 말처럼 누군가 마지막까지 내 곁에서 나를 지켜 준다면, 먼 길을 떠나는 나에게 따뜻하게 작별 인사를 하고, 위로의 말을 건네주고,

내 무덤 위에 꽃잎을 뿌려 준다면 편안하게 세상과 이별할 수 있을 것 같다.

화려한 자태를 뽐내는 장미처럼 인생의 절정기에 있는 젊은이들에게 바라는 것이 있다. 부디 돌아오지 못할 길을 가는 이의 외로움을 외면하지 말기를. 그가 누구든 하나의 인간으로서, 이제 곧 소멸하게 될 하나의 생명, 하나의 존재로서 그의 마지막 길을 잘 배웅하기를. 그리하여 두고두고 가슴 아파하는 일이 없기를.

아일랜드 민요 〈오! 대니 보이〉
Ireland Folk Song 〈Oh! Danny Boy〉

당신이 내 곁에 올 때까지

지금으로부터 10년 전, 나는 세상에서 가장 친한 친구를 잃었다. 어느 추운 겨울날, 밖에서 일을 끝내고 집으로 돌아오는 택시 안에서 그 소식을 들었다. 그때 순간적으로 그냥 멍했다. 아무리 사람의 앞일은 모르는 것이라지만, 그 친구가 그렇게 빨리 갈 줄 몰랐다. 아무도 예상하지 못한 갑작스러운 죽음이었다.

친구와 마지막으로 만난 것이 2013년 여름이었다. 친구는 지방에 살고 있었는데, 일 때문에 서울로 올라와 우리 집에서 묵었다. 그때 밤새 수다를 떨며 오랜만에 회포를 풀었다. 막 중국 여행에서 돌아온 친구는 《정글만리》라는 책을 읽고 있었다. 나는 한 번도 가 보지 못한 중국에 대한 인상이라든가 중국 여행에서 있었던 에피소드를 들려주었다. 그 외에는 무슨 얘기를 했는지 잘 기억나지 않는다. 여자들의 특기인 남 뒷담화 좀 하고, 이런저런 쓸데없는 얘기를 나누었던 것 같다.

그다음 날 아침, 우리는 다음에 또 보자는 평범한 인사를 나누고 헤어졌다. 그날 저녁, 친구에게서 나도 아는 초등학교 동창이랑 술 한잔하고 있다는 전화가 왔고, 그로부터 몇 달 후, 신문에 실린 내 칼럼을 읽은 소감을 문자로 보내왔다. 그것이 마지막이었다. 그리고는 어느 겨울날, 집으로 돌아가는 택시 안에서 비보를 들었다.

친구와 나는 초등학교 동창이었다. 같은 동네에서 살았고, 한창 예민한 사춘기를 함께 보냈다. 그래서 누구보다 공유하고 있는 추억이 많았다. 문학소녀를 자처하던 우리는 그 나이 또래 여자애들이 그렇듯이 일기를 바꾸어 보기도 하고, 편지를 교환하기도 했다. 또 루이제 린저의《생의 한 가운데》와 헤르만 헤세의《지와 사랑》, 전혜린의《그리고 아무 말도 하지 않았다》를 같이 읽기도 했다. 언젠가 친구가 전혜린의 또 다른 책《이 모든 괴로움을 또 다시》을 가져온 적이 있었다. 그때 나에게 책을 보여주면서 '제목이 마치 한숨을 쉬는 것 같다'고 말했던 기억이 난다.

　　그게 당시 친구의 심정이었던 것 같다. 가정 형편이 어려워 마음껏 꿈을 펼칠 수 없었던 친구는 삶의 고비마다 '이 모든 괴로움을 또 다시' 겪어야 했다. 양상은 다르지만 나도 괴롭기는 마찬가지였다. 그래서 이른바 '방황'이라는 것을 했다. 그때 친구가 내 마음을 잡아 보려고 보낸 편지의 한 구절이 지금도 생각난다.

　　"먼바다에서 방황하던 배가 이제 등대를 찾아 항구로 돌아온단다."

　　그러고 보면 나도 참 철이 없었다. 나 자신의 문제에 너무 몰두한 나머지 척박한 환경 속에서 불투명한 미래에 대해 고민하는 친구의 절박함을 잘 몰랐다. 그런데 이런 친구 앞에서 나는 방황이라는 걸 하고 있었으니 친구의 눈에는 그것이 감정의 유희, 배부른 자의 사치로 보였을 것이다.

　　어느 비 오는 날, 내가 달짝지근한 표정으로 "나는 비 오는 날이 너무 좋아."라고 했더니 친구가 한심하다는 표정으로 "비 오는 날에는 우리 아버지 일 못 나가."라고 말하던 게 생각난다. 그 순간 뒤통수를 맞은 기분이었다. 치열하게 생존의 문제와 싸우고 있던 사람 앞에서 나는 철없이 감정의 사치나 부리고 있었으니 친구가 나를 얼마나 한심하게 보았을까 짐작이 간다.

당시 친구와 내가 서로의 이런 정서적 간극을 어떻게 극복했는지 기억나지 않는다. 여하튼 이런 차이에도 불구하고 우리는 계속 친구 사이를 유지했다. 그러는 동안 서로 상처가 되는 말을 주고받은 것도 사실이다. 그럼에도 불구하고 용케 헤어지지 않고 어느새 세상에서 가장 내밀한 이야기, 부끄러운 비밀까지도 다 털어놓을 수 있는 친구가 되었다.

나는 힘든 일이 있을 때마다 지방에 사는 친구에게 전화로 고민을 털어놓곤 했다. 내가 말하면 친구는 들어주는 쪽이었다. 사춘기 때 형성된 관계의 패턴이 나이가 들어서도 바뀌지 않았던 것이다. 그렇게 믿고 의지하며 살았는데 덜컥 가버리다니. 나는 어떡하라고. 세상에 이렇게 의리 없는 친구가 또 있나. 영정 사진 속에 환하게 웃고 있는 친구의 얼굴을 보니 억장이 무너졌다. 죽음을 맞기에는 너무 젊은 얼굴. 그늘 하나 없이 밝은 표정. 아들의 말이 이것이 친구가 생전에 제일 좋아하는 사진이라고 했다.

그 후 한동안 세상에서 가장 친한 친구를 잃었다는 상실감에서 헤어 나오지 못했다. 그러다가 어느 날 우연히 마음에 위로가 되는 노래를 듣게 되었다. 바로 〈오! 대니 보이〉다. 〈오! 대니 보이〉는 북아일랜드 민요 〈런던데리 에어〉

의 선율에 잉글랜드 시인 프레드릭 웨덜리의 시를 얹어 부르는 노래다. 여기서 '대니'는 '다니엘'의 애칭인데, 이름 뒤에 '보이'라는 말이 붙은 것으로 보아 아마 부모가 아들을 부르는 말인 것 같다. 그러니까 '오! 대니 보이'를 의역하자면 '오! 내 아들 대니야'가 된다.

지금 대니의 부모는 고향에서 아들을 기다리고 있다. 그 아들은 전쟁터에 나갔고, 영영 못 돌아올지도 모른다. 부모는 하염없이 아들을 기다린다. 여름이나 겨울이나 비가 오나 눈이 오나 늘 그 자리에서 아들이 돌아오기만 기다리고 있다.

오! 대니 보이,
백파이프 소리가 울려 퍼지는구나.
이 골짜기에서 저 골짜기로,
저 산비탈 아래까지
여름은 가고, 꽃들도 모두 떨어지니
너는 가고, 나는 기다려야지.
하지만 돌아오너라. 초원에 여름이 왔을 때나
계곡이 조용히 흰 눈으로 덮였을 때
난 항상 여기서 너를 기다릴 거야.

6장 이제는 돌아와 거울 앞에 서다

해가 뜬 날이나 궂은날이나
오! 대니 보이, 오! 대니 보이
너를 정말 사랑한단다.

2절의 가사는 더 애절하다. 2절에서는 아들을 기다리다가 어느덧 죽음을 맞게 된 상황을 그리고 있다.

그러나 네가 돌아왔을 때
꽃들이 모두 시들어 가면
나 또한 죽어 땅에 묻혀 있을 거야.
그러면 내가 누워 있는 곳에 찾아와
무릎 꿇고 나를 위해 기도해다오.
나는 너의 부드러운 발자국을 느끼고
더 따뜻하고 편안한 꿈을 꿀 거야.
네가 무릎 꿇고 나에게 사랑한다고 말할 것을 알기에
나는 그저 평화롭게 잠자고 있을게.
네가 내 곁에 올 때까지.

내가 이 노래를 특히 좋아하는 것은 마지막 소절 때문이다.

나는 그저 평화롭게 잠자고 있을게.

네가 내 곁에 올 때까지.

(I'll simply sleep in peace, until you come to me.)

이 소절을 들을 때마다 무덤에 누워 있는 친구가 나에게 말하는 것 같다는 생각이 든다. 그래서 마음이 편안하다. 언젠가는 나도 가야 할 그곳에 친구가 먼저 가서 나를 기다리고 있다니. 왠지 이승과 저승의 경계가 없어진 느낌이다. 혹시 사랑하는 친구를 먼저 떠나보낸 사람이 있다면 이 노래에서 위안을 받기를 바란다. 가사 중에 'simply'라는 단어가 특히 마음에 든다. 노래처럼 친구가 아무 걱정 없이 '그저' 편안하게 잠들어 있기를 바란다.

나는 내세를 믿지 않기에 "다시 만날 때까지"라는 말은 하지 않겠다. 설사 죽어서도 우리는 절대 만나는 일이 없을 것이다. 그런데도 불구하고 나는 나 자신도 언젠가는 그와 같은 상태 즉, 존재의 무(無)로 돌아갈 유한한 존재라는 사실에서 친구와 무한한 동질감을 느낀다. 노래에 나온 "나에게 올 때까지"라는 가사도 나는 "너도 나와 같은 존재의 '무'가 될 때까지"라는 의미로 받아들인다.

육체는 스러지고, 남는 것은 기억뿐이다. 이제 내가 할 일은 점점 희미해지는 기억의 조각들을 끄집어내 친구와 함께했던 소중한 시간들은 열심히 추억하는 것이다. 그리고 나는 〈오! 대니 보이〉를 듣는다. 그것이 내 상실감을 달래는 유일한 길이기에.

안토닌 드보르작 〈루살카〉 중 〈달에게 부치는 노래〉
Antonin Dvorak 〈Song to the Moon〉 from 〈Rusalka〉

아름다운 노년의 우정

화사한 봄꽃들이 일제히 꽃망울을 터트린 봄날, 흐드러지게 피어있는 꽃잎 사이로 눈부신 햇살이 반짝인다. 모든 것이 평화롭고 한가한 봄날의 오후, 미국의 한 가정집 거실에서 백발의 노인이 의자에 앉아 뜨개질하고 있다. 라디오에서는 아름다운 노래가 흘러나오고, 정원의 꽃들은 산들바람에 가볍게 흔들린다. 보기만 해도 마음이 편안해지는 이 장면은 1990년에 개봉된 영화 〈드라이빙 미스 데이지〉의 한 장면이다.

　같은 영화라도 그것을 언제 보느냐에 따라 느낌이 달라질 수 있다. 나에게는 〈드라이빙 미스 데이지〉가 그런 영화다. 처음 개봉되었을 때 본 느낌과 그로부터 30년이 훨씬 흐른 후에 본 느낌이 확연히 다르다. 처음에 보았을 때도 좋은 영화라고 생각했지만 그때는 그렇게 깊이 공감하지 못했다. 그런데 나이가 들어서 다시 보니 느낌이 완전히 다르다. 어느덧 성큼 다가온 인생의 황혼. 외롭고 서러운 노년의 시간을 함께 보내는 두 노인의 이야기가 이제는 잔잔한 감동과 아픔으로 다가온다.

1948년 미국 조지아주의 애틀랜타. 올해 72세인 데이지는 전직 교사 출신의 유태인이다. 그녀는 자신의 신념과 종교에 대한 자부심이 강하고, 매사에 엄격하며, 다른 사람에게 지나치게 까다롭게 군다. 이런 깐깐한 성격 때문에 아들조차 그녀를 힘겨워한다.

어느 날, 데이지는 장을 보러 운전을 하고 가다가 기어 조작 미숙으로 사고를 낸다. 노령에 더 이상 운전하는 것이 무리라고 생각한 아들은 어머니를 위해 흑인 운전사 호크를 고용한다. 하지만 평소에 흑인에 대해 안 좋은 선입견을 갖고 있던 데이지는 호크를 못마땅하게 생각한다. 호크에게 눈길 한 번 주지 않고, 어떤 핑계를 대서라도 그를 쫓아낼 궁리만 한다. 반면에 호크는 자기에게 적대적인 데이지를 친절하고 공손하게 대한다. 호크의 한결같은 태도에 완

강했던 데이지의 마음도 조금씩 누그러진다.

어느덧 호크를 신뢰하게 된 데이지는 그가 글을 읽지 못한다는 사실을 알고, 교사로 학생들에게 글을 가르쳤던 경험을 살려 그에게 글 읽는 법을 가르친다. 그러는 사이에 두 사람은 성별과 나이, 인종, 종교, 신분을 초월해 진정한 친구가 된다. 처음에는 주인과 고용인으로 만났지만 이제는 서로에게 없어서는 안 될 소울메이트가 된 것이다.

세월이 흘러 25년이 지났다. 치매에 걸린 데이지는 양로원으로 들어가고, 호크 역시 이제 나이가 들어 더 이상 운전을 할 수 없는 처지가 되었다. 그럼에도 두 사람의 우정에는 변함이 없다. 호크는 틈날 때마다 데이지를 찾아가 정신이 오락가락하는 그녀의 말동무를 해 준다. 데이지는 가끔 의무적으로 찾아오는 아들보다 생의 마지막 길에 동반자가 되어 주는 호크에게 더 강한 신뢰를 보낸다. 영화는 호크가 데이지에게 케이크를 떠먹여 주는 장면으로 끝이 난다.

〈드라이빙 미스 데이지〉는 보는 이에게 '잔잔한 감동'을 주는 영화다. 특히 인생의 황혼을 맞은 사람에게 참 많은 것을 생각하게 한다. 영화를 보면서 나의 황혼기를 그려보았다. 마지막까지 나와 함께 있어 줄 사람은 누구일까.

어쩌면 다 떠나고 혼자 남아 죽음을 기다릴지도 모른다. 그렇다면 무척 외롭겠지. 하지만 죽음을 맞는 일은 본래 외로운 일이다. 남편이나 아내가 있어도, 아들이나 딸이 있어도 사람은 누구나 혼자 죽는다. 그렇게 죽음은 오로지 혼자 치러야 하는 인생의 고독한 통과의례다.

나이가 들고 보니 세월이 얼마나 빠르게 가는지 절감하게 된다. 그야말로 눈 깜박할 사이에 지나가는 것 같다. 그래서 후회가 된다. 지금보다 젊었을 때, 언젠가는 맞이할 인생의 황혼을 편안하게 맞을 준비를 미리 했어야 하는데 말이다. 그래서 늦은 감이 있지만 지금부터라도 열심히 준비하려고 한다. 몸이 쇠약해지는 건 어쩔 수 없더라도 정서적으로는 무너지지 않았으면 좋겠다. 그러려면 외로움을 잘 견뎌야 한다. 나 늙었다고, 나 외롭다고 주변 사람에게 징징거리지 말고 '혼자서' 잘 놀자.

그렇게 혼자서 잘 놀면서 말년을 편안하고 보내고 싶다. 아무 근심 걱정 없이 평온한 나날을 보내다가 어느 날 문득 눈을 감았으면 좋겠다. 〈드라이빙 미스 데이지〉에는 내가 바라는 노년의 평온한 일상을 보여주는 장면이 나온다. 봄꽃이 흐드러지게 피어 있는 봄날, 데이지가 뜨개질을 하는 장면이다. 이때 라디오에서 노래가 나오는데, 이것은 드보르작의 오페라 〈루살카〉에 나오는 〈달에게 부치는 노래〉이다.

〈루살카〉는 왕자를 사랑한 물의 요정 루살카의 이야기를 담은 오페라다. 보헤미아판 인어공주 이야기라고 할 수 있는데, 영화에 나오는 〈달에게 부치는 노래〉는 1막에서 왕자를 사랑하는 루살카가 달을 바라보며 부르는 아리아다. 신비로운 달빛이 비치는 호숫가에서 루살카는 달에게 소원을 빈다. 사랑하는 왕자에게 자기 마음을 전해 달라고.

오! 벨벳 같은 하늘에 떠 있는 달님!
그 빛이 온 누리를 비추네요.
세상 여기저기를 배회하며
인간이 사는 곳을 내려다보고 있군요.
오! 달님!
잠시만 머물러 주세요.
그리고 사랑하는 그 사람이 어디 있는지
말해 주세요.

은빛의 달님!
그에게 말해 주세요.

6장 이제는 돌아와 거울 앞에 서다

언젠가 단 한 순간만이라도

그가 내 꿈을 꿀 것을 바라며

제 팔이 그를 감싸고 있다고요.

그가 어디에 있든지

그가 있는 곳마다 그를 비추어 주세요.

그리고 누군가 여기서

그를 기다리고 있다고 전해 주세요.

만약 그의 영혼이 나를 꿈꾼다면

깨어 있는 동안 나를 기억하겠지.

오! 달님!

제발 지지 마세요!

아직 사랑의 비극을 알기 전, 숫된 가슴의 루살카가 왕자에 대한 사랑을 소박한 멜로디에 담아 달에게 띄워 보낸다. 이 노래를 부를 때, 루살카는 죄와 배신으로 가득 찬 인간 세상에 대해 잘 알지 못했다. 그녀의 가슴은 아름다운 사랑에 대한 환상으로 가득 차 있을 뿐이다. 노래는 아름답고 서정적인 멜로디로 왕자에 대한 소녀의 지고지순한 사랑을 보여준다.

오페라의 줄거리를 보면 알겠지만 사실 〈달에게 부치는 노래〉는 내용적으로 〈드라이빙 미스 데이지〉와 아무 상관이 없다. 서로 연결되는 부분이 하나도 없다. 하지만 정서적으로는 서로 통한다. 호크에 대한 의심이 걷힌 후, 데이지는 오랜만에 평화로운 시간을 갖는다. 살면서 이처럼 완벽한 평온을 느낄 수 있는 순간이 얼마나 될까. 너무나 완벽해서 오히려 비현실적으로 느껴지는 찰나적 행복. 데이지는 라디오에서 흘러나오는 노래를 따라 하며 모처럼 미소를 짓고, 루살카는 꿈처럼 아련한 목소리로 인생의 황혼을 맞은 그녀에게 완벽한 말년의 평화를 선물한다.

젊었을 때는 '사람은 누구나 늙는다'는 당연한 이치에 대해 한 번도 진지하게 생각해 본 적이 없었다. 내 젊음에 취해서 노인을 세상에서 있어도 그만 없어도 그만인 엑스트라 같은 존재라고 생각했다. 어쩌다 산책길에서 서로 손을 잡고 천천히 걸어가고 있는 노부부를 보면 저 사람들은 인생을 무슨 재미로 살까? 저 나이에도 사랑이라는 걸 할까? 이런 의문을 가지곤 했다.

물론 나이 든 사람에게도 사랑의 감정이 있다. 당연하지. 인간인데. 하지만 노년의 사랑은 불꽃처럼 타오르는 젊은이의 사랑과는 다르다. 굳이 말하자면 상대에 대한 측은

지심을 기반으로 한 우정이라고나 할까. 우정과 애정의 경계가 모호한, 그래서 어찌 보면 더욱 진득한 사랑이라 할 수 있다.

〈달에게 부치는 노래〉를 들을 때마다 뜨개질하며 살포시 미소 짓던 데이지의 모습이 떠오른다. 그런 그녀 옆을 호크가 무심코 지나가다 잠깐 발걸음을 멈추고 바라본다. 그 장면을 보고 생각했다. 외로움을 견디고 있을 노년의 나에게도 호크처럼 잠깐 발걸음을 멈추고 바라봐 주는 친구가 있었으면 좋겠다고.

구스타프 말러 〈교향곡 제2번 '부활'〉
Gustav Mahler 〈Symphony No.2 'Resurrection'〉

후회하지 않을 용기

세상을 살다 보면 인생을 바꾸어 놓을 정도로 극적이고 강렬한 경험을 하는 경우가 있다. 그 경험이 사람과의 만남일 수도 있고, 아니면 책이나 영화, 음악, 그림과의 만남일 수도 있다.

여기 어떤 음악과의 만남으로 인생이 송두리째 바뀐 남자가 있다. 길버트 카플란이라는 미국인이다. 그는 월스트리트의 성공한 사업가이자 아마추어 지휘자였다. 그래서 그의 이름 앞에는 늘 '억만장자 지휘자'라는 수식어가 따라붙곤 한다.

1965년, 당시 23살의 경영학도였던 길버트 카플란은 카네기 홀에서 열리는 뉴욕 필하모니 오케스트라의 연주회에서 레오폴드 스토코프스키가 지휘하는 말러의 〈교향곡 제2번 부활〉을 들었다. 평소에 음악을 좋아해 클래식 음악회에 자주 다녔지만 〈부활〉은 그때가 처음이었다. 그런데 느낌이 남달랐다. 내면의 격정이 폭발적으로 분출하는 느낌이라고나 할까. 이 세상의 소리라고 믿기지 않을 만큼 크고 장대한 음향이 카네기 홀을 가득 메우는 순간 그는 수만 볼트의 번개가 온몸을 뚫고 지나가는 듯한 전율을 느꼈다. 그 순간 이 음악이 앞으로 평생 자기를 잡고 놓아주지 않을 것이라는 예감이 들었다고 한다.

이렇게 해서 말러의 〈부활〉과 사랑에 빠진 그는 그 후 십수 년 동안 열심히 말러의 〈부활〉을 들으러 다녔다. 그러다 40살이 되었을 무렵 문득 〈부활〉을 직접 지휘해 보고 싶다는 생각을 하게 되었다. 그러면 자기가 왜 이 음악을 그토록 좋아하는지 알 수 있을 것 같았다. 〈부활〉을 지휘하겠다고 생각했을 때, 그는 두 가지 가능성을 앞에 두고 저울질을 했다. 하나는 정식으로 음악 교육을 받지도 않은 자기가 지휘를 해서 세상 사람들의 웃음거리가 되는 것, 다른 하나는 그냥 포기하고 평생 두고두고 후회하면서 사는 것이었다. 그는 이 중에서 전자를 선택했다. 웃음거리가 되는 것이 평생 후회하면서 사는 것보다 낫다고 생각한 것이다.

1981년, 그는 줄리아드 음대 졸업생에게 지휘 레슨을 받기 시작했다. 어릴 때 피아노를 3년 배운 것 말고는 음악 수업을 받은 경험이 전무한 사람이 처음으로 악보 보는 법을 배우고 지휘 테크닉을 익혔다. 하루에 5시간씩 지휘 공부를 하면서 회사 경영까지 해야 했으니 하루 24시간이 모자랄 정도로 바쁘고 힘들었다. 그래도 그는 이때가 자기 인생에서 가장 행복한 때였다고 회고했다.

이듬해인 1982년, 길버트 카플란은 드디어 평생의 소원을 이루게 되었다. 자비를 들여 링컨 센터에서 아메리칸 심포니 오케스트라의 연주로 말러의 〈부활〉를 지휘하게 된 것이다. 당시 그는 이것이 처음이자 마지막이라고 생각했다. 그런데 그 후 소문이 퍼지면서 여기저기서 〈부활〉을 지휘해 달라는 요청이 들어왔다. 이것이 계기가 되어 그는 회사를 경영하는 틈틈이 말러의 〈부활〉만 전문적으로 지휘하는 아마추어 지휘자로 활동했다. 지난 2005년 성남 아트센터 개관 기념 연주회를 위해 우리나라를 찾기도 했는데, 그때 나도 직접 그가 지휘하는 모습을 보았다.

말러의 교향곡 제2번 〈부활〉. 이 곡은 도대체 어떤 곡이길래 그토록 강렬하게 한 사람의 마음을 사로잡았을까. 나는 길버트 카플란이 이 교향곡의 피날레에서 강렬한 감동을 받았을 것이라 추측한다. 나 역시 〈부활〉의 피날레를 들을 때마다 수만 볼트의 전류가 온몸을 관통하는 것 같은 전율을 느낀다. 〈부활〉은 5악장으로 이루어져 있는데, 5악장의 피날레에서 무대에 정적이 깔리면 합창이 아주 낮고 무거운 소리로 노래를 시작한다.

"부활하리라. 짧은 휴식 후에 나의 죽은 육신이 부활하리라."

그런 다음 "준비하라!"고 외친다. 처음은 크게, 그다음에는 아주 작게. 그러고 나서 본격적으로 합창이 시작된다.

나는 쟁취한 날개를 달고

타는 듯한 사랑의 열망 속에서

어느 누구의 시선도 미칠 수 없는

빛을 향해 솟아오르리.

나는 쟁취한 날개를 타고 날아오르리.

나는 살기 위해 죽으리라.

부활하리라! 내 영혼이여!

그대는 일시에 다시 부활하리라!

그리고 그대가 쟁취한 것

그것이 그대를 신에게, 신에게 인도하리라.

합창이 시작되는 부분부터는 정말로 정신을 차릴 수가 없다. 완전히 음악에 몰입되고 만다. 특히 마지막에 "나는 쟁취한 날개를 달고"를 시작하는 부분부터 점차적으로 상승하는 에너지가 "부활하리라! 그래. 부활하리라(Aufer-stehn, Ja, Auferstehn)!" 하고 한꺼번에 폭발할 때 그야말로 가슴이 터질 것 같은 감동이 밀려온다.

오르간과 종소리까지 가세한 이 장엄한 부활이 끝난 순간. 객석에서 우레와 같은 박수 소리가 터져 나온다. 아니, 터진다기보다 폭발한다는 표현이 더 맞을 것이다. 관객 수천 명이 동시에 발산하는 감동의 에너지로 그냥 콘서트 홀이 터져 나가는 것 같다. 관객들은 자리에서 일어나 열정적으로 박수를 치며 "브라보!"를 연발하는데, 이런 커튼콜이 10분 이상 계속되는 경우도 있다.

〈부활〉이 연주되는 콘서트 홀에서는 예외 없이 이런 광경을 볼 수 있다. 길버트 카플란도 이 음악이 발산하는 격정적인 에너지에 강렬한 충격을 받았을 것이다. 나 역시 이 곡을 들을 때마다 이 세상에 속하지 않은 것 같은, 어떤 신적인 에너지를 느끼곤 한다. 예전에 예술의 전당 콘서트 홀에서 〈부활〉을 듣고 난 후, 집까지 걸어간 적이 있었다. 그 감동을 속세의 소음과 나누고 싶지 않았기 때문이다.

말러에게 죽음은 일생의 화두였다. 누구나 나이가 들면 인간존재의 실존적 의미에 대해, 젊음의 소멸과 삶의 유한함 그리고 삶의 어느 순간에 갑자기 찾아올 죽음에 대해 생각한다. 말러는 젊을 때부터 그랬다. 행복한 날에도 우울한 날에도 항상 죽음을 생각했다. 그런 그가 마지막으로 찾은 해답이 부활의 개념이었다. 말러의 〈부활〉은 유한한 인간의 삶에 한 줄기 빛과 같은 존재다. 왜냐하면 이 음악은 죽음이 끝이 아니라고 얘기하고 있기 때문이다. 우리는 부활한다. 그러니 우리는 살기 위해 죽는 것이다. 영원히 살기 위해 죽는 것이다. 말러의 〈부활〉은 이렇게 말하고 있다.

죽음 이후에 또 다른 삶이 있는지 나는 모르겠다. 경험해 보지 못한 것에 대해 확신을 가질 수는 없는 것 아닌가. 그러니 말러가 외친 "부활하리라!"라는 말도 공염불로 들릴 수도 있다. 그러나 '부활'이라는 단어를 좀 더 넓은 의미로 해석하면 이야기가 달라진다. 부활이 육신의 부활이 아니라 영혼의 부활이라면? 한 인간이 살아생전에 가졌던 어떤 가치, 그가 꾸었던 꿈, 그가 남긴 정신적 유산. 이런 것이 다시 되살아나는 것이 부활이라면 충분히 가능한 얘기가 아닐까.

　말러는 죽었지만 그가 생전에 추구했던 불멸의 정신은 그의 음악을 통해 지금도 끊임없이 재생산되고 있다. 길버트 카플란도 마찬가지다. 그는 런던 심포니 오케스트라와 비인 심포니 오케스트라와 같은 세계 굴지의 교향악단과 함께 말러의 〈부활〉을 녹음했다. 그리고 지난 2016년 1월 1일 74세를 일기로 세상을 떠났다. 생전에 〈부활〉을 '천국으로의 초대'라고 얘기했던 그는 자신이 지휘하는 〈부활〉을 듣고 사람들이 순수한 기쁨을 느끼기를 바란다고 했다. 비록 그의 육신은 이승을 떠났지만 지금도 그의 영혼은 그의 음반을 통해 끊임없이 부활하고 있다.

　하늘에 있는 길버트 카플란은 지금 자기가 남긴 〈부활〉의 음반이 많은 사람들의 사랑을 받고 있는 것을 보면서 무슨 생각을 할까. 자기가 이승에서 가장 잘한 일이 말러의 〈부활〉을 지휘하기로 결심한 일이라고 생각하지 않을까.

　길버트 카플란이 세상을 떠난 이듬해인 2017년, 가족들이 그의 사무실을 정리하다 오래된 필름을 발견했다. 바로 1982년 9월 9일 카플란이 처음 〈부활〉을 지휘하는 역사적인 순간을 담은 영상이다. 가족들도 처음 보았다는 그 영상을 통해 우리는 41살의 나이에 열정과 노력으로 마침내 자신의 꿈을 이룬 한 남자의 모습을 볼 수 있다. 그의 지휘는 전문가의 그것에 비해 많이 미숙하지만 오히려 그 미숙함에서 더 큰 감동을 받는다. 그것은 용기의 또 다른 이름이기 때문이다.

살아가면서 무엇인가를 하고 싶은 욕망이 생겼을 때, 그것을 실천에 옮기는 것은 쉬운 일이 아니다. 만약 길버트 카플란이 사람들의 웃음거리가 되는 것을 두려워했다면, 그래서 자기가 정말 하고 싶은 일을 못했다면 어땠을까. 아마 평생을 후회하면서 살았을 것이다. 그러니 지금 남들 보기에 그럴듯한 일을 하느라 정말 하고 싶은 일을 못하고 사는 건 아닌지 한 번 생각해 볼 필요가 있다.

젊었을 때는 몰랐는데, 나이가 드니 마지막까지 행복한 사람은 결국 자기가 좋아하는 일을 하면서 사는 사람이라는 생각이 든다. 그러니 나이 들어서 후회하지 말고 내가 좋아하고 사랑하는 일을 하기 위해 지금 길버트 카플란처럼 용기를 내보는 것은 어떨까.

리하르트 슈트라우스 〈네 개의 마지막 노래〉
Richard Strauss 〈Vier Lezte Lieder〉

내 영혼은 자유로이 하늘로 날아오르리

"베토벤 교향곡 제9번 〈합창〉의 마지막 대목이 좋을 것
같습니다."

몇 년 전에 스위스 바젤에서 안락사로 삶을 마감한 호주의
과학자 데이비드 구달이 기자회견에서 한 말이다. 그는 생
의 마지막 순간에 듣고 싶은 음악으로 베토벤의 〈합창교향
곡〉을 골랐다. 당시 구달의 나이는 104살이었다. 불치병에
걸리지는 않았지만 더 이상 삶을 지속하는 것이 고통이라
생각한 그는 스스로 삶을 끝내기로 결심했다. 그리고 자신
이 원한 대로 그는 베토벤의 〈합창교향곡〉에 나오는 〈환희

의 송가)를 부르며 이 세상과 작별했다.

이 기사를 읽고 나도 마지막 순간에 듣고 싶은 음악에 대해 생각하게 되었다. 그렇다면 어떤 곡이 좋을까? 고심에 고심을 거듭한 끝에 마침내 적당한 곡을 골랐다. 리하르트 슈트라우스의 〈네 개의 마지막 노래〉다. 리하르트 슈트라우스는 평생 200여 곡에 이르는 가곡을 작곡했다. 그가 이렇게 가곡이라는 장르에 깊이 천착한 것은 아무래도 부인의 영향이 크다. 그의 부인 파울리네 드 아나가 소프라노 가수였기 때문이다.

슈트라우스는 30살이던 1894년에 자기보다 한 실 위인 파울리네 드 아나와 결혼했는데, 두 사람의 결혼과 관련해 재미있는 비하인드 스토리가 전해지고 있다. 파울리네는 시쳇말로 한 성깔 하는 여자였다. 본래 오페라의 프리마 돈나들이 콧대가 높기로 유명하지만 파울리네는 그게 아니라 원래 타고난 성격 자체가 괴팍했다. 늘 사람들 위에 군림하면서 다른 사람을 얕잡아보고, 때와 장소를 아랑곳하지 않고 하고 싶은 말은 다 해야 직성이 풀리는 성격이었다.

파울리네와 슈트라우스는 성악가와 작곡가의 관계로 만났다. 두 사람이 슈트라우스의 오페라 공연을 위한 리허설을 하고 있던 어느 날, 작품의 해석을 놓고 성악가와 작곡가 사이에 의견 충돌이 생겼다. 이런 경우 대개는 성악가가 작곡가의 의견을 따르는 법이지만 파울리네는 달랐다. 언성을 높이며 작곡가에게 대들었고, 슈트라우스 역시 참지 않고 함께 언성을 높였다. 파울리네와 한참 피 터지게 싸우던 슈트라우스는 화가 머리끝까지 나서는 "당신 무대 뒤로 와!"라고 소리쳤다. 그러자 파울리네는 "흥. 누가 오라면 겁날 줄 알고?" 하면서 슈트라우스를 따라갔다.

그 모습을 지켜보던 오케스트라 단원들은 파울리네가 잘릴 것이라 생각했다. 하늘 같은 작곡가에게 대들다니 결과는 불을 보듯 뻔한 일이었다. 그런데 웬걸. 잠시 후 두 사람이 나타나더니 전혀 예상치 못한 말을 했다. 글쎄 두 사람이 결혼하기로 했다는 것이다. 그 말을 들은 단원들이 아연실색했다. 뭐? 결혼한다고? 도대체 무대 뒤에서 무슨 있었던 거야? 물론 그건 아무도 모른다.

여하튼 이렇게 결혼한 두 사람은 평생 함께 살았다. 물론 결혼 후에도 파울리네의 괴팍한 성격은 고쳐지지 않았다. 그녀를 보면서 "저 여자가 그렇게 사려 깊고 예의 바른 리하르트 슈트라우스의 부인이란 말이야?"라고 놀라는 사람들이 많았다. 슈트라우스는 이런 파울리네에 대해 대단히 복잡하고, 고집이 세고 심술 맞은 성격이지만 또 다른 한편으로는 어쩔 수 없이 여자다우며, 매력과 애교가 넘친다고 했다니 참 남녀 사이라는 게 알다가도 모를 일이라는 생각이 든다.

파울리네는 슈트라우스의 창작 활동에 많은 영감을 주었다. 슈트라우스의 오페라와 가곡 중에 그녀를 염두에 두고 쓴 것이 상당히 많다. 말하자면 파울리네는 슈트라우스의 뮤즈였던 셈이다. 그런데 이 뮤즈는 작곡가 위에 군림하려고 했다. 슈트라우스가 새로운 곡을 내놓을 때마다 "당신은 노래라는 게 뭔지 전혀 모르는 사람이에요."라고 혹평을 했다고 한다. 이렇게 쿠사리를 먹으면서도 평생 200여곡에 이르는 가곡을 작곡했으니 슈트라우스에게는 파울리네의 잔소리가 창작의 불꽃을 지피는 에너지가 되었던 것 같다.

내가 인생의 마지막 곡으로 선택한 〈네 개의 마지막 노래〉 역시 파울리네로부터 영감을 받아 작곡한 것이다. 이 노래를 듣고 있으면 이렇게 위대한 작품의 탄생에 영감을 준 파울리네에게 절이라도 하고 싶은 심정이다. 얼마나 노래가 감동적인지 듣고 나면 그녀의 괴팍한 성격도 다 용서가 된다. 이 작품은 〈봄〉〈9월〉〈잠자리에 들 때〉〈황혼에〉 이렇게 네 곡으로 이루어져 있는데, 이 중에서 〈잠자리에 들 때〉는 헤르만 헤세의 시에 곡을 붙인 것이다.

이 시를 쓸 당시 헤르만 헤세는 이승에서의 삶에 몹시 지친 상태였다. 아내가 정신병에 걸린 데다가 헤세 자신도 신경쇠약에 시달리고 있었기 때문이다. 세상사에 지친 시인은 이제 일손을 멈추고, 생각도 멈추고, 밤의 깊은 휴식 속으로 침잠하고 싶어 한다.

이제껏 낮은 나를 지치게 만들었으니
내가 간절히 바라는 것은
놀다 지쳐버린 어린아이처럼
편안하게 별밤을 맞는 것이다.

손이여! 하던 일을 모두 멈추어라!
이마여! 상념을 모두 떨쳐버려라!
내 모든 감각은 이제
잠 속으로 깊이 침잠하려 한다.

그리하여 내 영혼은 아무런 속박 없이
자유로이 하늘로 날아오르리.
마법 같은 밤의 품에 안겨
영원히 살기 위해.

6장 이제는 돌아와 거울 앞에 서다

잠 속으로 침잠하고 싶은 시인의 심정을 슈트라우스는 구구절절한 음악으로 표현했다. "이제 잠으로 침잠하려고 한다."의 끝자락을 호른으로 장식하고, 이어서 명상적인 바이올린 독주를 덧붙인다. 처음에 애절하게 시작한 바이올린이 어느덧 하늘로 날아오르기 시작한다. 이 간주 부분에서 바이올린은 뒤에 나오는 노래의 멜로디를 미리 예시하는데, 이 부분이 그렇게 아름다울 수가 없다.

간주가 끝나고 나면 드디어 노래가 해방의 나래를 펴기 시작한다. 이 후반부, 그중에서도 특히 "내 영혼은 아무런 속박 없이 자유의 날개를 타고 날아오르리."의 음악적 표현이 그렇게 절묘할 수가 없다. 특히 '비상(Flügen)'이라는 가사의 멜로디를 듣고 있으면 내 몸이 세상의 속박에서 벗어나 하늘로 훨훨 날아오르는 듯한 해방감을 맛보게 된다.

〈잠자리에 들 때〉 다음 곡인 〈황혼에〉는 그야말로 인생의 말년을 맞은 사람에게 어울리는, 그런 사람만이 공감할 수 있는 회고조의 노래다.

그동안 우리는 슬픔도 기쁨도
손을 맞잡고 함께해 왔다.
이제 방황을 멈추고

저 높고 고요한 곳에서
안식을 누리리.

깊은 골짜기에
어느새 어둠이 내려앉았다.
종달새 두 마리만 꿈을 찾아
안개 속을 날아오른다.

이리로 물러서
지저귀도록 내버려두어라.
곧 잠자리에 들 시간이 찾아오리니
그리하면 더 이상 외로움 속에
길 잃을 일 없으리

오! 장대하고 고요한 평화여!
그토록 심오한 황혼의 평화!
방랑에 지쳐 버린 우리
이것이 어쩌면 죽음이 아닐까?

"그동안 우리는 슬픔도 기쁨도 손을 맞잡고 함께해 왔

6장 이제는 돌아와 거울 앞에 서다

다. 이제 방황을 멈추고 저 높고 고요한 곳에서 안식을 누리리." 이렇게 시작하는 첫 구절에 노래의 주제가 압축되어 있다. 여기서 '잠'은 역시 '죽음'을 의미한다. "곧 잠자리에 들 시간이 찾아오리니 그리하면 외로움 속에 길 잃을 일 더 이상 없으리."라는 구절이 암시하는 것처럼 죽음은 또한 '평화'를 의미하기도 한다. 후반부에 소프라노는 장대한 오케스트라 반주에 맞추어 드높은 목소리로 이렇게 외친다.

오! 장대하고 고요한 평화여!
그토록 심오한 황혼의 평화!

실제로 이 부분을 들으면 일종의 전율 같은 것이 느껴진다. 노래와 오케스트라의 장대한 외침이 깊고 강렬한 여운을 남긴다. 자기 앞에 놓인 시간이 얼마 남지 않았다는 것을 알고 있었던 슈트라우스는 이렇게 다가올 죽음을 찬양했다. 지극히 장대하고, 엄숙한 울림으로.

그런 다음 그는 곡을 이렇게 맺는다. "방랑에 지쳐버린 우리. 이것이 혹시 죽음이 아닐까?" 본래 아이헨도르프의 원시에는 "저것이 혹시 죽음이 아닐까?"라고 되어 있었다고 한다. 그런데 슈트라우스가 '저것이'를 '이것이'로 바꾸어놓은 것이다. 당시 슈트라우스는 죽음을 멀리 떨어져 있는 '저'것이 아니라 자신에게 근접해 있는 '이'것으로 느끼고 있었던 듯하다.

이 작품을 쓴 지 1년이 채 지나지 않은 1949년 9월 8일, 슈트라우스는 85세를 일기로 세상을 떠났다. 그는 진실로 죽음을 평화로운 잠이라고 생각했을까? 궁금한 사람은 〈네 개의 마지막 노래〉를 들어보기 바란다. 그에 대한 해답을 알 수 있을 것이다.

피에트로 마스카니 〈카발레리아 루스티카나〉 중 〈간주곡〉
Pietro Mascagni 〈Intermezzo〉 from 〈Cavaleria Rusticana〉

인생은 짧은 간주곡 같은 것

어린아이들은 누가 누구하고 싸우면 어느 쪽이 이기냐에 관심이 많다. 예를 들어 호랑이와 사자가 싸우면 누가 이기는지 이런 걸 궁금해한다. 우리 딸도 마찬가지였다. 딸이 어렸을 때 남편에게 이렇게 물은 적이 있다.

"아빠. 사람하고 공룡하고 싸우면 누가 이겨요?"

그러자 남편이 대답했다.

"사람하고 공룡은 만난 적이 없단다."

그 말에 딸이 화들짝 놀라면서 "그런데 이름이 공룡인 건 어떻게 알았어요?" 이러는 게 아닌가. 맞다. 만난 적도 없는데 이름을 어떻게 알 수가 있겠는가. 아이가 놀라는 것도 당연하지. 아이의 상상대로라면 어느 날 인간이 공룡을 만나서 "너는 이름이 뭐니?"라고 물었고, 공룡이 "나는 공룡이라고 해." 이래서 그 이름이 지금까지 전해 내려왔다는 믿거나 말거나 한 이야기가 성립되겠지.

그러나 불행히도(?) 인간과 공룡은 만난 적이 없다. 공룡은 2억 5천만 년 전에 지구에 출현해 6천 6백만 년 전까지 살았다. 무려 2억 년이나 존속한 것이다. 2억 년이라니. 그게 얼마나 긴 시간인지 우리 인간의 상상력으로는 도저히 가늠이 안 된다. 석기 시대 사람이 동굴 벽화를 그린 때가 겨우 3만 년 전이라고 하니 공룡의 시간에 비하면 인간의 시간은 거의 애교 수준이라고 해도 과언이 아니다. 그런데도 버젓이 터줏대감 노릇을 하며 자연을 망치고 있으니 지구한테 미안하다는 생각이 든다.

그런데 지구를 넘어 먼 우주로 시야를 확장하면 상상할 수 없을 정도로 장대한 시간이 펼쳐진다. 우주의 나이는 138억 년이다. 미국의 천문학자 칼 세이건은 우주의 나이를 1년이라는 시간으로 환산한 우주 달력을 만들었다. 우주 달력에 의하면 현생 인류가 지구에 등장한 것은 한 해의 마지막 날인 12월 31일 밤 11시 52분이라고 한다. 그러니까 인류가 처음 등장해 오늘날과 같은 모습을 갖추기까지 걸린 시간이 우주 달력으로는 불과 몇 분에 불과한 것이다.

이런 식으로 계산하면 한 인간이 지구에 머물다가 가는 시간은 0.1초도 안 된다. 영겁에 비하면 찰나와 같은 시간이다. 이 얼마나 하찮은 시간인가. 우주의 시간으로 보면 눈 깜빡할 사이도 안 되는 시간을 머물다 가는 것이다. 그런데도 다들 영원히 살 것처럼 아등바등한다. 하찮은 것에 일희일비하고, 헛된 욕망을 좇다가 폭삭 망하기도 한다.

나는 인간의 삶이 간주곡 같다는 생각을 종종 한다. 간주곡은 말 그대로 '중간에 나오는 음악'이다. 주로 오페라나 연극의 막간에 연주되는데, 대개는 길이가 짧고 형식도 간결하다. 악상도 그렇게 드라마틱하지 않다. 막과 막 사이에 연주되는 곡이 길거나 복잡할 이유가 없기 때문이다. 우리 인간의 삶도 마찬가지다. 장대한 우주의 시간에 비하면 그저 스쳐 지나가는 간주곡에 불과한데, 그렇게 아등바등 살 필요가 있을까.

간주곡 중에서 가장 유명한 곡은 마스카니의 오페라 〈카발레리아 루스티카나〉에 나오는 간주곡이다. 이 오페라의 공간적 배경은 이탈리아의 시칠리아. 시간적 배경은 부활절 날이다. 투리두는 약혼녀 산투차가 있음에도 불구하고 지금은 기혼자가 된 옛 연인 롤라와 몰래 만난다. 산투차는 자신을 버리고 옛 애인과 몰래 만나는 투리두 때문에 괴로워하고, 그에게 돌아올 것을 호소하지만 투리두는 그녀의 간청을 매몰차게 뿌리친다. 산투차는 롤라의 남편 알피오를 찾아가 투리두와 롤라의 관계를 폭로하고, 그 일로 투리두와 알피오는 결투를 벌인다. 이 결투에서 투리두는 알피오의 칼에 맞아 죽고, 그의 죽음에 놀란 마을 사람의 비명소리와 함께 오페라가 끝난다.

〈카발레리아 루스티카나〉는 일종의 치정극이다. 그래서 음악이 전체적으로 어둡고 드라마틱하다. 특히 산투차가 투리두에게 다시 돌아와 달라고 애원하고, 투리두가 이를 매정하게 뿌리치는 장면은 너무 처절해서 보기가 힘들 정도다. 부활절 행렬에서 부르는 성가 합창도 처음에는 경건하게 흘러가지만 후반부로 갈수록 격렬해진다. 마치 앞으로 펼쳐질 비극적인 상황을 미리 예고하는 것처럼.

〈카발레리아 루스티카나〉는 단막 오페라다. 그래서 막과 막 사이가 없다. 이 오페라의 간주곡은 부활절 행렬을 마친 사람들이 예배를 보기 위해 교회 안으로 모두 들어가고, 무대에 아무도 없을 때 연주된다. 막이 구별되는 것은 아니지만 정서적으로는 이 부분이 막간과 같은 역할을 하는 것이다. 이때 나오는 간주곡은 급박하게 돌아가는 사건

전개에 살짝 피로감을 느낀 관객들이 정서적으로 쉬어 갈 수 있도록 해 준다. 그래서 그런지 음악이 서정적이면서도 가슴을 울린다. 조용히 시작해서 서정적으로 흘러가다 잠시 감정을 토로한 후 한숨 쉬듯 끝나는 것이 마치 한 사람의 인생을 음악으로 요약해 놓은 듯하다.

〈카발레리아 루스티카나〉의 간주곡을 들을 때마다 영화 〈대부 3〉이 생각난다. 이 영화의 마지막 장면에 이 곡이 나온다. 〈대부 3〉은 마피아의 일대기를 그린 영화인데, 이런 영화에 뜬금없이 오페라가 등장하는 것이 이상하다고 생각할 수도 있다. 그런데 오페라의 배경이 시칠리아고, 시칠리아가 마피아의 본거지라는 것을 알면 왜 그런지 이해가 될 것이다.

영화에 나오는 마피아 두목 마이클 역시 시칠리아 출신이다. 그런데 그의 아들 안소니는 폭력 세계하고는 전혀 거리가 먼 오페라 가수가 되었다. 어려서부터 아버지가 총질을 해대는 것에 염증을 느꼈던 모양이다. 그래서 총질하고는 전혀 상관이 없는 직업을 선택한 것이다. 영화의 마지막은 안소니가 아버지의 고향인 시칠리아에서 〈카발레리아 루스티카나〉의 투리두 역으로 출연하는 장면을 담고 있다. 아들의 공연을 보기 위해 고향인 시칠리아를 찾은 마이클은 오페라 극장 로열석에 앉아 무대에서 노래하는 안소니의 모습을 흡족한 표정으로 바라본다.

공연이 끝난 후 극장을 나오면서 마이클은 "우리 집안이 이제 예술가 집안이 되었구나." 하며 흐뭇해한다. 평생 총질만 해대던 마피아 집안에서 예술가가 나왔으니 신분 세탁을 한 것 같은 느낌이 들었을 것이다. 그러나 안소니의 존재는 피로 얼룩진 마피아 집안의 이미지를 윤색해 주는 허울 좋은 포장에 지나지 않는다.

그때까지만 해도 마이클은 자기 앞에 어떤 일이 벌어질지 까맣게 모르고 있었다. 그가 가족과 함께 극장의 계단을 내려오는 순간, 갑자기 어디선가 총소리가 들린다. 암살자가 마이클을 죽이려고 총을 쏜 것이다. 놀란 사람들이 모두 혼비백산 도망가고 있는 와중에 정신을 차려 보니 정작 총에 맞은 사람은 마이클이 아닌 그의 딸 메리였다. 메리는 "아빠." 이 한마디만 남기고 그 자리에서 쓰러진다. 순간 마이클의 아내가 비명을 지르고, 마이클은 역시 짐승 같은 단말마의 비명소리를 낸다. 절망적인 몸짓으로 딸을 껴안지만 이미 되돌릴 수 없는 일이 되어 버렸다.

평소에 마이클은 가족을 위해서 마피아를 접을 수 없다고 말해 왔다. 하지만 결국 그 때문에 딸 메리까지 잃게

6장 이제는 돌아와 거울 앞에 서다

되었다. 딸을 자기 목숨보다 더 사랑했던 마이클. 그러나 이제 고향 시칠리아의 오페라 극장 계단에서 그는 총탄에 쓰러진 딸을 부둥켜안고 처절하게 오열한다.

그 오열을 배경으로 〈카발레리아 루스티카나〉의 〈간주곡〉이 흐른다. 음악을 배경으로 마이클이 젊은 시절 결혼식을 올리는 장면과 메리와 함께 춤추는 장면, 이어서 고향 집 마당에 늙고 병든 모습으로 앉아 있는 모습이 나온다. 그렇게 영화는 불과 3분도 되지 않는 짧은 간주곡으로 마이클의 삶을 요약한다. 그리고 간주곡이 끝났을 때, 마이클은 숨을 거둔다. 마피아 두목으로 한창 날릴 때와는 전혀 다른 늙고 초라하고 쓸쓸한 모습으로.

그 장면을 보면서 셰익스피어의 비극 《맥베스》의 대사가 생각났다. 왕비가 죽었다는 소식을 들은 맥베스가 자조하듯이 읊는 독백이다.

"인생은 걸어가는 그림자에 불과한 것
　무대 위에 있는 동안에는
　흥이 나서 덩실거리지만
　얼마 안 가 잊히는 처량한 광대 같은 것"

맥베스의 말처럼 인생은 그저 그림자에 불과한 것이다. 하지만 한창 젊었을 때는 이런 걸 잘 모른다. 세상을 거시적으로 보지 못하고 당장 눈앞에 보이는 것에 집착하며 울고 웃는다. 그리고 나이가 들어 인생 달관의 경지에 이르러서야 비로소 깨닫는다. 인생이 허망하다는 것을. 그러니 젊은이들이여! 간주곡처럼 짧은 인생을 살면서 헛된 열망에 너무 몸 달아하지 말라. 열망을 버려야 비로소 보이는 것이 있으니 거기에 행복이 숨어 있는지도 모른다. 이제 미처 '깨닫지 못한' 그 행복을 잡아라. 늙으면 그런 기회조차 없을 것이니.

너에게 보내는 클래식

초판 1쇄 발행 2024년 9월 25일

지은이 진회숙
펴낸이 박영미
펴낸곳 포르체

편집 임혜원 김아현 이경미
마케팅 정은주 박우영
디자인 황규성

출판신고 2020년 7월 20일 제2020-000103호
전화 02-6083-0128 | 팩스 02-6008-0126
이메일 porchetogo@gmail.com
포스트 https://m.post.naver.com/porche_book
인스타그램 www.instagram.com/porche_book

여러분의 소중한 원고를 보내주세요.
porchetogo@gmail.com